노자의 마음 공부

노자의 마음 공부

소란과 번뇌를 다스려줄
2500년
도덕경의 문장들

장석주 지음

Wilma

가장 먼 여행은 아직 끝나지 않았다.
어느 길로 가야 할지 더 이상 알 수 없을 때
그때가 비로소 진정한 여행의 시작이다.

― 나짐 히크메트, 〈진정한 여행〉 중에서

서문

노자를 읽는 시간

1

어느 해인가, 여름 며칠을 템플스테이를 하며 보낸 적이 있습니다. 한 잡지에서 템플스테이 체험기를 적어달라는 청탁을 받은 뒤 절에 연락을 하고 뭘 가져가야 할지 물었습니다. 스님은 걱정이나 근심을 내려놓고 책이나 노트북도 가져오지 말라고 일러주었습니다. 빈 몸만 내려오시라! 속옷 몇 가지만을 챙겨 절을 찾은 날엔 날씨는 습하고 더웠습니다만 파란 하늘에 흰 구름이 뭉게뭉게 피어올라 볼만했습니다.

황망하게 출판업을 접고, 전업 작가로 살리라 마음

먹고 장서 2만 권을 싣고 시골로 떠났습니다. 고라니가 돌아다니고, 먼 산에서 뻐꾸기가 한가롭게 우는 저수지를 낀 시골 마을에 이삿짐을 풀었습니다. 산과 물이 어우러진 마을에서 마음의 가난을 품고 살고자 했건만 분노와 자기 연민에서 헤어나질 못한 탓에 책도 눈에 들어오지 않았습니다. 시골에 묻혀 사니 찾는 사람도, 원고 청탁도 없어 살림은 팍팍해지고, 연애도 여의치 않았습니다. 노자의 《도덕경》이나 《장자》를 설렁설렁 읽고, 선禪과 위빳싸나 명상에 관한 책을 붙들고 마음을 달래던 그즈음에 템플스테이 연락을 받은 것입니다.

절은 산속에 있었는데, 누구나 다 알 만한 유명 사찰이었습니다. 단청은 낡아서 색깔이 바랬으나 고즈넉한 대웅전 앞마당은 누가 비질을 했는지 깨끗했습니다. 젊은 스님을 따라 사무실에 들러 인사를 하고, 절복으로 갈아입고 템플스테이에 관한 주의 사항을 들었습니다. 주로 공양, 묵언 수행, 새벽 예불에 관한 것이었습니다. 젊은 스님은 "이참에 마음을 비워보시죠" 하며 미소를 짓고 사라졌습니다. 나는 혼자 남겨진 채 비운다는 게 무엇일지를 곱씹어보았습니다.

템플스테이는 일정 기간 출가자와 같은 방식으로 생활하는 것입니다. 일절 말을 끊고 문자를 읽는 행위도 멈추었는데, 그건 내 안의 나를 만나려는 의식이었습니다. 오직 찰나에 의식을 집중하기 위해 면벽을 하던 방은 넓었습니다. 텅 빈 방! 기물 하나 없는 그 방에 텔레비전이나 노트북 따위는 없었습니다. 서창으로 뉘엿뉘엿 지는 해 그림자가 비칠 때까지 벽을 마주한 채 가부좌를 틀었습니다. 잡념들이 밀물로 들어왔다가 썰물로 빠져나가는 동안 꿈결 같은 시간이 지나갔습니다. 저녁 공양을 마친 뒤에도 한동안 어둠 속에 앉아 있다가 일어났습니다.

　가난에서 벗어나 고전 음악이나 들으며 살고 싶어 출판 사업에 뛰어들어 성과를 거두었습니다만 늘 결핍과 불행의 깊은 구렁에서 허우적거렸습니다. 잉여를 배제한 삶, 궁극의 필요에만 부응하는 게 이상이었지만, 그건 요원했습니다. 지팡이와 흙으로 빚은 물컵이 소유의 전부였던 고대 그리스의 철학자 디오게네스같이 사는 건 꿈조차 꾸지 못했습니다. 담요와 베개 하나, 숟가락과 밥그릇, 면양말과 속옷, 신발 한 켤레로는 자족할 수 없었습니다. 무소유의 자유는커녕 늘 넘치는 물건들에 치인 채로 살았습니다.

    오랫동안 '나는 무엇일까?' 하는 화두를 품은 건 사실입니다. 나는 새도, 네발로 기는 짐승도, 붕붕거리는 말벌도 아니고, 그렇다고 맨드라미나 나무도 아닙니다. 아무것도 아닌 그 무엇이 너른 방에서 어둠을 무명천처럼 몸에 두르고 마주한 것은 '나'라는 백일몽, 혹은 집착과 욕심의 덩어리입니다. 어둠은 사유의 시원始原입니다. 생명을 가진 개체는 다 어둠에서 나와 살다가 다시 어둠으로 가뭇없이 사라집니다. 우리는 어둠과 어둠 사이에 반짝하고 빛나다가 사라질 무無에 지나지 않습니다. 나라는 존재는 한 줌의 빛과 어둠, 공기로 지어진 소슬한 집 한 채일 뿐! 애초에 없던 그 무엇, 숨 쉬고 활동하는 무, 분주하게 순환과 혼융을 하다가 숨을 멈추면 텅 빈 것으로 환원하는 무일 뿐입니다.

    템플스테이 사흘째, 가까운 숲속에 들어가 아름드리나무를 끌어안았습니다. 녹색 향연이 한창인 숲속에서 이마에 닿는 공기는 차갑고, 귀에 들리는 건 오직 새소리와 바람 소리뿐. 인류학자 팀 잉골드는 "나무들의 현존을 마주하고 있으면 분명 살아 있다는 느낌이 훨씬 더 생생해진다"[1]라고 말합니다. 여름 숲속은 가지를 뻗고 잎사귀를 피워낸 나무들로 깊고 어둡습니다. 나무들은 산소를 뿜어내며 연신 살랑거립니다. 나무들은 연신 말을 건네는데, 나는 나무를 끌어안은 채 눈을 감고 들숨과 날숨에 의식을 집중했습니다. 닫힌 백회혈百會穴이 열리는 느낌. 열린 백회혈을 타고 낯선 기운이 쏟아져 들어왔습니다.

    템플스테이는 쉼, 멈춤, 자기 회복의 기회였습니다. 피폐해진 몸과 마음을 추스르고 다시 살겠다는 의지를 세우는 일이었습니다. 나는 누군가를 사랑했던가요? 아마 그랬을 겁니다. 어떻게 사랑 없이 살 수 있겠습니까! 여름이 돌아오고 마음이 시끄러우니, 내 안의 갈애渴愛와 목마름들이 소용돌이치며 나를 괴롭혔습니다. 이따금 들끓는 마음을 다독이며 지냈던 고요한 절집이 그리워지곤 합니다. 절집 숲속의 울울창창한 나무들은 생동하는 기운을 뿜고, 매미들은 진종일 극성스럽게 울어댈 것입니다.

2

삶이 방향을 잃었을 때는 기본으로 돌아가야 한다고 생각합니다. 고전을 집중하며 읽는 것도 그 한 방식입니다. 나는 노자의 《도덕경》과 《장자》를 꺼내 읽는데, 《도덕경》은 나온 지 2500년이나 되는 고전 중의 고전입니다. 동서양의 많은 이들이 《도덕경》에서 삶의 지혜를 구합니다. 도와 무위자연 철학을 집대성한 《도덕경》에 담긴 것은 대담한 혁신 사상입니다. 러시아의 대문호 톨스토이도, 철학자 하이데거도 《도덕경》에서 영감을 얻었다고 합니다. 《도덕경》을 진지하게 읽은 것은 스물다섯 해 전입니다.

《도덕경》이 학계의 관심을 끈 것은 1973년 12월, 중국 후난성의 장사국 대후 마왕퇴의 묘에서 백서帛書 《도덕경》이 출토된 게 계기였습니다. 백서란 '비단에 쓴 책'이란 뜻입니다. 다시 1993년 8월, 중국 후베이성 곽점촌의 초나라 무덤에서 죽간으로 된 《도덕경》이 출토되었고, 이것이 《곽점초묘죽간》입니다. 오늘날의 《도덕경》은 이 백서본과 죽간본, 위진 시대 왕필이 주석을 단 왕필본이 바탕이 되어 나온 것입니다. 《도덕경》의 초기

판본은 '도경'과 '덕경'으로 구성되었는데, 오늘날 우리가 읽는 것은 이를 저본으로 삼아 다듬은 것입니다.

거처를 시골로 옮기기 전까지 《도덕경》이나 노장철학이 태동하는 역사 배경에도 무지했습니다. 어느 날 우연히 《도덕경》을 읽는데, 기왕에 제대로 읽자고 단전에 힘을 주고 결의를 했습니다. 연고도 없는 경기도 남단에 살면서 해발 400미터 안팎의 능선을 따라 걸었습니다. 배낭에는 물 한 병과 오이 하나가 전부였습니다. 목마르면 오이를 씹고 물을 마셨습니다. 바람 소리에 귀가 먹먹한 날도 있었고, 시야가 탁 트여 맞은편 산의 숲 머리가 바람에 따라 쏠리는 게 보이는 맑은 날도 있었습니다. 경기 남단의 수목 생태계를 형성한 큰 숲이 한 덩어리가 되어 군무를 추는 광경에 가슴이 벅차 오르기도 했습니다. 먹고 자는 시간을 빼고는 《도덕경》을 읽고 생각에 잠긴 날들이 이어졌습니다. 칠흑의 어둠과 적막을 찢는 수컷 고라니의 울음소리만 들릴 뿐인 시골에서 베개 위에 머리를 두는 순간 잠에 빠져들었습니다. 혼자 밥을 지어 먹고 《도덕경》을 옆에 끼고 사는 동안 세월은 흘러갔고, 그 시절이 인생에서 가장 고요한 날이었을 겁니다. 노장 공부는 10여 년이나 이어졌고, 그새 현실도, 내면 형질도 크게 바뀌었습니다.

노자와 장자는 동시대에 살며 교유한 사이가 아닙니다. 노자가 먼저 온 사람이고, 장자는 뒤에 온 사람입니다. 기원전 4세기경 송나라 몽현 지역에서 장자가 살던 시대는 초나라, 연나라, 진나라 등이 세력을 일으켜 각축을 벌이던 난세였습니다. 당대의 주류 문화는 주나라에서 발원한 것이고, 송나라는 상나라 문화에 영향을 받은 변방 문화에 지나지 않았습니다. 하지만 장자는 유유자적하며 자유를 누렸습니다. 관념주의 사상이 득세하던 시대라 그의 존재나 사상은 크게 주목받지 못했습니다. 세상의 빛을 보려면 아직은 때를 더 기다려야 했습니다.

노자는 어떤 인물일까요? 노자는 한 특정인을 지칭하는 기표가 아니라 늙은이라는 의미를 함축한 단어일지도 모릅니다. 사마천의 《사기》는 노자를 이렇게 소개합니다. "노자는 초나라 고현의 여항 곡인리 사람이다. 성은 이李 씨, 이름은 이耳, 자를 담聃이라 하였으며, 주나라 수장실의 관리였다. 공자가 주나라로 찾아가서 그에게 예에 대해 물었다는 얘기가 전해진다."[2]

노자는 수장실의 관리였는데, 지금의 국립도서관이나 국가기록실의 수장입니다. 노자는 국가 고위직 관리였으니, 말단직 공무원으로 칠나무 숲이나 관리하던 장자와는 신분 차이가 있었습니다. 두 사람은 활동한 시기가 다르고, 직업도 달라 말의 내용과 형식도 달랐습니다. 노자는 공자보다 스무 해쯤 앞서 태어났는데, 공자가 활동하던 시기에 지혜롭다는 소문이 자자했습니다. 공자가 주나라에 머물 때 노자를 찾아가 예禮에 대해 물었다는 기록이 있습니다. 공자는 노자를 만나고 돌아와 제자에게 이렇게 말했습니다. "나는 새가 잘 난다는 것을 알고, 물고기는 헤엄을 잘 친다는 것을 알며, 짐승은 잘 달린다는 것을 안다. 달리는 짐승은 그물을 쳐서 잡을 수 있고, 헤엄치는 물고기는 낚싯대를 드리워 낚을 수 있고, 나는 새는 화살을 쏘아 잡을 수 있다. 그러나 용이 어떻게 바람과 구름을 타고 올라가는지 나는 알 수 없다. 오늘 나는 노자를 만났는데 그는 마치 용 같은 존재였다."

노자는 도와 덕을 닦으며 '자은무명自隱無名', 즉 자신을 숨기고 이름 없이 사는 삶을 좇은 사람입니다. 그는 주나라의 왕권이 쇠락하자 나라를 등지고 홀연히 떠납니다. 어느 날 아침, 함곡관을 지키는 관령 윤희라는 자가 먼 동쪽에서 보랏빛 소를 타고 오는 노인을 발견합니다. 윤희는 노인에게 뻗쳐 나오는 신성한 기운을 보고 그가 범상한 존재가 아님을 알아차리고 큰절을 올립니다. 노인은 함곡관에서 머무르는 동안 윤희의 청을 받아 죽간에 5,000자 안팎의 글을 남기고는 올 때와 같이 보랏빛 소를 타고 함곡관을 떠나 서역으로 향했습니다. 이때 윤희도 관직을 버린 뒤 흰 소를 타고 노인의 뒤를 따릅니다. 보랏빛 소를 타고 나타난 이 신령한 노인이 노자입니다.

노자를 태우고 왔다가 사라진 보랏빛 소는 무엇일까요? 보랏빛 소*purple cow*는 현실에는 존재하지 않습니다. 보랏빛 소란 따분한 무리 속에서 단연 눈에 띄는 새로운 것의 표상, 즉 실재가 아닌 상징으로 보아야 합니다. 오늘날 보랏빛 소는 흥미로운 신제품, 아이디어, 새로운 감각을 가진 새 세대, 약진하는 혁신가의 상징으로 받아들입니다. 마케팅 분야의 권위자 세스 고딘은

《보랏빛 소가 온다》에서 이 소를 "주목할 만한 가치가 있고, 예외적이고, 새롭고, 흥미진진"한 것이라고 정의합니다.

노자와 장자는 흔히 '노장'으로 묶이지만 둘의 철학은 도와 자연을 핵심으로 한다는 것 말고는 말의 형식과 내용에서 차이를 드러냅니다. 《도덕경》이 추상적인 도를 노래한 여든한 편의 시라면 이야기로 구성된 《장자》의 서술 원칙은 우화의 형식입니다.

《장자》에서 큰 감명을 받은 부분은 〈소요유逍遙遊〉 편입니다. 소逍는 소풍 간다, 요遙는 멀리 나아간다, 유遊는 자유롭게 노닌다는 뜻입니다. '소요유'는 현실의 구속에서 풀려나 자유로이 노닐 듯 산다는 뜻입니다. 〈소요유〉가 일으키는 감명은 무한 시공을 아우르는 장대한 규모와 그걸 꿰어내는 놀라운 상상력 때문입니다. "북명에 물고기가 있다. 그 이름은 곤이다"로 말문을 여는 〈소요유〉 편만 떼어서 그 내용을 새겼습니다. "곤의 크기는 몇천 리인지 알지 못한다. 변화하여 새가 되면 그 이름을 붕이라 한다." 곤은 변하여 붕이 되고, 붕은 돌연 9만 리 장천으로 떠올라 여섯 달 동안 먹지도 자지도 않은 채 남명이란 하늘 연못으로 날아갑니다. 붕새의 활짝 편 날개가 드리우는 그림자는 바다를 다 덮을 지경이라니, 그 규모를 짐작할 만합니다. 이 붕새의 자유로운 비행에 《장자》의 핵심 사상이 집약된다면 나머지는 붕새 우화에 붙이는 주석에 지나지 않을 겁니다.

장자와 노자 철학의 차이를 알기 위해 《도덕경》 첫 대목을 《장자》와 견주어 읽을 필요가 있습니다. 장자에 견주자면 노자 철학의 내용은 한층 더 함축적이고 의미가 난삽해 해독이 쉽지는 않습니다. 《도덕경》 1장의 내용은 아래와 같습니다.

> 도라고 말할 수 있는 도는 항상 그러한 도가 아니요, 이름으로 부를 수 있는 이름은 항상 그러한 이름이 아니다道可道, 非常道, 名可名, 非常名. 만물의 시작을 무無라고 하고, 만물의 어머니를 유有라고 한다無名天地之始, 有名萬物之母. 항상 그러한 무를 구하면 그것의 오묘함을 관찰할 수 있고, 항상 그러한 유를 구하면 그것이 드러남을 관찰할 수 있다故常無欲, 以觀其妙, 常有欲, 以觀其所徼. 이 둘은 동시에 나

와서 다른 이름으로 불리지만, 같은 것을 가리키니 현묘하다_{此兩者同出而異名, 同謂之玄}. 현묘하고 또 현묘하니, 온갖 오묘함이 드나드는 문이다_{玄之又玄, 衆妙之門}.

《장자》의 〈소요유〉와 《도덕경》 1장을 나란히 놓고 견주면 차이는 또렷해집니다. 《장자》의 우화에 비해 《도덕경》은 뜻을 헤아리기는 막막합니다. "도가도, 비상도, 명가명, 비상명"이라는 이 첫 문장을 깨우치는데 몇 달을 넘기고 해를 넘겼습니다. 이걸 화두 삼아 읽고 읽고 또 읽을 도리밖엔 없었는데, 이 화두를 어떻게 풀었는지는 설명하겠습니다.

《도덕경》의 바탕은 '무위자연'입니다. 자연이란 본래 그러한 것, 저절로 그러한 것입니다. 사람이 개입하지 않아도 자연은 아무 탈 없이 잘 굴러갑니다. 새들은 공중을 날고, 물고기들은 물에서 노닐고, 네발 달린 뭇 짐승들은 땅을 터전 삼아 살아갑니다. 때가 되면 이들은 생육하고 번성을 꾀합니다. 무릇 식물과 동물들은 자연의 그러함에 적응하며 살아가는 데 반해 사람은 굳이 제힘을 보태 그러함에 변화를 만들려고 애를 씁니다. 인간 문명이란 자연에 대한 윽박지름과 토벌의 결과라고 할 수 있습니다. 오늘날 미증유의 기후 대란은 그런 대가로 생긴 재앙입니다. 도법자연道法自然에 기원을 둔 노자의 가르침은 현대에도 주목받을 만합니다. 인류는 《도덕경》의 오래된 지혜에 귀를 기울이고 시적 영감을 받아야 할 당위성을 깨달아야 합니다.

어쨌든 노장 공부는 마흔 줄에 들어선 자의 마음을 다독이고 인격을 갈고닦는 데 보탬이 되었습니다. 안성으로 내려올 때 내 안은 분노와 적대감으로 가득 차 있었습니다. 모욕을 당하고 내쳐졌다는 생각이 그 뿌리입니다. 노장 공부를 통해 원한이 독이 될 수 있다는 데 생각이 미치고, 말과 행동을 돌아보며 타인을 너그럽게 용서하는 계기가 되었습니다. 미약하나마 마음에 변화가 일어나고 선량해졌다면 그건 다 노장 공부 덕분입니다. 스물다섯 해가 흘렀지만 여전히 마음이 흐트러지고 매사 성급해질 때마다 《도덕경》을 꺼냅니다. 이를테면 오늘 아침 우연히 펼친 데는 64장입니다. "편안할 때 지키기 쉽고, 조짐이 드러나지 않을 때 꾀하기 쉬우며, 무른 것은 부서지기 쉽고, 미약한 것은 흩어지기 쉽다其安易持,其未兆易謀,其脆易泮,其微易散." 이것을 종일 읊조리며 뜻을 헤아리려고 애씁니다. 그러는 가운데 내 마음은 어느덧 평온해지는 겁니다.

3

산행을 나섰다가 일행과 외따로 떨어져서 엉뚱한 곳으로 하산하다가 낭패를 당했는데, 산과 산 사이를 잇는 산길 위에서 헤매는 사이 사방은 캄캄해졌습니다. 무사히 산을 내려왔지만 도로는 낯설고, 근처엔 마을도 없었습니다. 낯선 길을 따라 걸어 내려갔는데, 얼마쯤 가면 마을이 나온다는 믿음 때문에 두려움은 줄었을 것입니다. 결국 두 시간 넘게 걸은 뒤에야 겨우 마을에 도착했습니다.

인생이란 이곳에서 저곳으로 가는 여정입니다. 누구나 실수와 시행착오를 줄이기 위해 인생의 지도가 필요한 법입니다. "큰 네모는 모서리가 없다大方無隅."(《도덕경》 41장) 모서리 없이 둥근 인격에 이르기 위해, 충만한 힘과 지혜를 얻을 삶의 지도가 필요합니다.

《도덕경》은 지식이 아니라 난꽃처럼 향기로운 지혜, 인생의 지도와 같은 책입니다. 2000년 여름, 몸도 마음도 돈도 다 거덜 나버린 상태로 거처를 옮기며 지푸라기를 잡는 황막함이 없지 않았습니다. 40대 중반에 생계 수단은 없고, 불안이 엄습했던 탓이었을 겁니다. 게다가 마음은 대상이 없는 분노로 들끓으며 사납게 요동쳤습니다. 고대 철학자 플루타르코스는 "개들은 알아보지 못하는 것들을 향해서 짖는다"라고 말했습니다. 내 마음에 두려움이 가득했으므로 무언가를 향해 맹렬히 짖고 있었던 것입니다!

불현듯 잘 살려면 마음공부를 해야 한다는 절박성이 차올랐습니다. 안성 외곽의 능선 길들을 걸으면서 깨달은 것은 내 것이라 여겼던 몸과 마음이 내 것이 아니라는 사실이었습니다. 나는 그것들을 잠정적으로 '점유'하고 있을 뿐이었습니다. 이 기특한 각성은 '내 것이 아닌 것을 억지로 쥐고 있으면 안 되겠구나' 하는 생각으로 이어졌습니다. 욕심과 욕망은 몸과 마음이 내 소유라는 신념 속에서 번성합니다. 몸은 유일한 그 무엇이 아니라 항상 여럿입니다. 그것은 밀도와 무게를 가진 차이와 운동들 그 자체일 뿐입니다. 인간은 몸으로 먹고, 몸으로 들숨과 날숨을 내쉬며, 몸으로 사유합니다. 몸이란 욕망과 사유의 거점입니다. 그동안 몸으로 충분히 잘 살았습니다. 자기 위로의 시간을 보낸 뒤 생명의 기쁨과 활력을 되찾으며, 그것을 바탕으로 창작의 활화산을 터뜨리는 계기를 맞고 있다는 확신이 들었습니다. 나를 사로잡았던 분노와 무력감에 벗어나 책들을 꾸준히 써서 밥벌이를 했고, 메말랐던 감성은 다시 촉촉해졌습니다.

《도덕경》과 《장자》 공부는 안성에서 시작했지만, 돌이켜보니 어떤 내적 필연성이 없지 않았습니다. 무엇보다도 두 책을 읽을 수 있는 자유가 조건 없이 풍성하게 주어졌다는 점입니다. 안성 생활의 시작은 백수 노릇이었으니, 두 책을 100번 이상씩 읽을 수 있었던 것은 새로 얻은 한가로움과 자유 덕분이었습니다.

《도덕경》과 《장자》의 심오한 철학을 다 이해하고 체화했다고 말할 수는 없었습니다. 《도덕경》의 첫 장은 들을 줄도 말할 줄도 모르는 사람들을 위해 노자가 펼친 형이상학의 향연입니다. 이 첫 구절은 아직도 내 가슴에 새기고 있는 화두입니다.

도는 말할 수 없습니다. 도를 도라고 말해버리는 순간 이미 항상 그러한 도가 아닙니다. 도는 언어라는 기표로 붙잡을 수 없는 그 무엇입니다. 도는 언어가 생겨나기 이전에 있었고 우주 질서 속에 깃들어 작용하고 있었으니, 도의 '있음'은 굳이 언어의 '있음'에 기대지 않습니다.

언어로 감정과 사상을 전달하는 사람이 생겨나면서, 굳이 도를 말로 표현해야 할 곤혹스러움이 필연으로 생겨납니다. 많은 이들이 이 도에 대해 말하고, 《도덕경》 첫 장의 의미 규명을 시도했습니다. 그중에서 한비자의 풀이가 마음에 들었습니다. "무릇 만물이 한때 존재했다가 한때 사라지고, 문득 죽었다가 문득 태어나며, 처음에는 성했다가 이후에 쇠하는 것은 영원함[常]이라고 할 수 없다. 오직 천지의 개벽과 함께 생겨나서 천지와 함께 소멸할 때까지 죽지 않고 쇠하지 않는 것을 영원함이라고 한다. 영원함은 바뀌는 바도 없고 정해진 이치도 없다. 정해진 이치가 없으므로 일정한 곳에 있지 않기 때문에 도라고 말할 수 없는 것이다. 성인은 그것의 아득하고 허무한 면을 터득하고 두루 운행하는 원리에 기초해서 억지로 이름 붙여 도라고 했다. 그런 뒤에야 논할 수 있었다. 그래서 '도는 말할 수 있으면 영원한 도가 아니다'라고 했다."[3]

하늘은 오래되고 땅은 옛것입니다. 음양의 기운으로 가득 찬 하늘과 땅은 인류가 있기 이전부터 존재했습니다. 살아 있는 것들은 어떤 있음에서 나왔고, 그 있음은 없음에서 나왔습니다. 노자는 그 뿌리에 대해 말합니다. "도는 하나를 낳고, 하나는 둘을 생성하며, 둘은 셋을 만들고, 셋은 만물을 낳는다道生一, 一生二, 二生三, 三生萬物."(《도덕경》 42장)

《도덕경》 첫 장에는 이름도 없으며 굳이 언어를 필요로 하지 않는 도를 언어로 말하는 것에 대한 곤혹이 잘 드러납니다. 말로 구구절절 설명을 늘어놓는 것은 구차하니, 다만 "이름을 알지 못해 도라 부르며, 굳이 이름을 붙여본다면 위대함이라 한다吾不知其名, 字之曰道, 强爲之名曰大"(《도덕경》 25장)라고 했을 터입니다.

노자는 존재하는 것들을 빌어 도의 실체가 무위에 있음을 증명했습니다. 도는 지나가는 것이고, 지나감은 멀리 나감이며, 궁극으로 돌아옴입니다. 어리석음이 큰 탓에 이 화두를 붙잡고 있습니다만 이것은 마음의 평화와 너그러움을 줍니다. 자연 속에 파묻혀 살면서 내 품성이나 감성에 변화가 일어났다면 두 현자에게 고마워할 일입니다. 인생을 품어 안으며 긍정과 여유, 넉넉한 관조적 시선, 잃어버린 웃음을 되찾게 했을 테니까요.

마음을 비우고 욕심을 덜어내니, 인생이 더 살만해졌습니다. 삶을 단순화하면서 책 읽기와 명상, 들길이나 산길 걷기에 집중했기 때문에 지난 서른 해 동안 더 많은 책을 읽었고, 백여 권이 넘는 책들을 써냈습니다.

《도덕경》은 어지러운 시대에 인생의 지침으로 삼을 만한 도덕론이자 우주론이고, 치세 철학을 담은 책입니다. 비록 그릇은 작으나 이 책을 밥 먹듯이 읽는 사람은 우주의 섭리와 사람에 관한 이해를 깊고 넓게 할 수 있습니다.《도덕경》은 이성과 논리를 뛰어넘는 오래된 지혜의 노래이고, 그 내용은 어질고 참된 것으로 이루어져 있습니다. 무인도로 가져갈 단 한 권의 책을 고르라고 한다면, 기꺼이 《도덕경》을 선택하겠습니다.

노자는 항상 비움을 권하고 무위를 따르라고 하는

데, 그것은 우주 만물에 작동하는 이치나 운행의 원리와 맞아떨어집니다. 그런 까닭에 《도덕경》은 무위의 철학이고, 자연화육自然化育에서 만물의 균형과 조화를 찾는 철학입니다. 노자가 말하는 도와 덕의 바탕은 자연인데, 그걸 인식하고 실행에 옮기는 일이 도를 따르는 길입니다. "사람은 땅을 본받고, 땅은 하늘을 본받으며, 하늘은 도를 본받고, 도는 자연을 본받는다人法地, 地法天, 天法道, 道法自然."(《도덕경》 25장) 도에서 길을 구하고 생명을 구하시길 빕니다.

2025년 가을, 파주 교하에서

장석주

── 차례 ──

서문 | 노자를 읽는 시간　　　　　　　　　　　　　　006

1장 | 물처럼 살라

슬퍼하는 자가 이긴다　　　　　　　　　　　　　　034
*《도덕경》 69장

못난 사람이 도를 들으면 크게 비웃는다　　　　　　041
*《도덕경》 41장

잘 살려면 욕심을 비우라　　　　　　　　　　　　　048
*《도덕경》 19장

도는 스스로 위대하다고 하지 않는다　　　　　　　　057
*《도덕경》 34장

자신을 아는 사람이 현명하다　　　　　　　　　　　063
*《도덕경》 33장

이름 없는 소박함을 구하라 *《도덕경》37장	072
물처럼 살라 *《도덕경》8장	083
크게 곧은 것은 구부러진 듯하다 *《도덕경》45장	091
잘 굴러가면 바퀴 자국이 남지 않는다 *《도덕경》27장	099
약한 것이 강한 것을 이긴다 *《도덕경》78장	109
도는 자연을 따른다 *《도덕경》25장	116

2장 | 결국 뿌리로 돌아가니 이는 맑고 고요함이다

만족할 줄 알면 욕됨이 없다 *《도덕경》44장	126
내게 지혜가 있다면 큰길을 가겠다 *《도덕경》53장	136
살얼음 낀 겨울 내 건너듯 하라 *《도덕경》15장	143
천하가 아름다움을 아는 까닭은 추함이 있기 때문이다 *《도덕경》2장	152

자애하면 용감할 수 있다 160
* 《도덕경》 67장

도는 늘 이름이 없다 169
* 《도덕경》 32장

작은 생선을 찌듯이 하라 177
* 《도덕경》 60장

뿌리를 박되 튼튼하게 하라 183
* 《도덕경》 59장

덕이 두터우니 갓난아이와 같다 191
* 《도덕경》 55장

결국 뿌리로 돌아가니 이는 맑고 고요함이다 196
* 《도덕경》 16장

말을 아끼는 게 자연의 덕이다 206
* 《도덕경》 23장

높으면 누르고 낮으면 들어 올린다 213
* 《도덕경》 77장

3장 | 큰 그릇은 늦게 만들어진다

빛나되 번쩍이지 마라 222
* 《도덕경》 58장

모든 있음의 뿌리는 없음이다 229
* 《도덕경》 40장

큰 그릇은 늦게 만들어진다 236
* 《도덕경》 41장

하늘의 그물은 넓고 성글어도 놓치는 게 없다 242
* 《도덕경》 73장

배움을 멈추면 근심이 없다 249
* 《도덕경》 20장

발꿈치를 들고 오래 서 있지 못한다 260
* 《도덕경》 24장

베옷을 걸치고 옥을 품어라 265
* 《도덕경》 70장

소박함으로 돌아가다 271
* 《도덕경》 28장

큰 덕은 텅 비어 있다 278
* 《도덕경》 21장

천지는 인자하지 않다 285
* 《도덕경》 5장

사람은 태어나서 살다가 죽는다 293
* 《도덕경》 50장

주 302

1장

물처럼

살라

슬퍼하는 자가
이긴다

애자승의哀者勝矣

병법에 이런 말이 있다. 먼저 기동하지 말고 맞이하여 싸워라. 한 치 앞으로 나서지 말고 한 자 뒤로 물러서야 한다. 이것은 흔적 없이 행군하고, 으스대지 않고 물리치며, 교만하게 만들어 깨트리고, 무기를 들지 않고 싸우라는 것이다. 상대를 가볍게 여기는 것이 가장 큰 재앙이니, 적을 가볍게 여기면 나에게 있던 보배를 잃게 된다. 그러므로 상대방과 전쟁하며 싸울 때 슬퍼하는 자가 반드시 이기는 법이다.

_《도덕경》 69장

집 뒤편 편백에서 까마귀 떼가 하늘 위로 솟구치자 검은 구름이 드리워진다. 우물가에서 아낙네 둘이 까악 깍 울어대는 까마귀 떼를 바라보고 서 있다. 편백 집은 마을 서편이고, 동편 끝으로 방앗간이 있다. 방앗간 뒤로는 대숲이다. 대숲에 어둠이 내리면 참새 떼가 깃들어 짹짹거린다. 바람이 불자 댓잎이 우수수 떨어지며 대숲이 바람의 방향에 따라 흔들린다.

대숲 위로 눈썹 같은 달이 떠 있는데, 달은 어쩐지 핏빛이다. 나는 1월 31일(음력 1월 8일), 한겨울 닭의 시간에 태어났다. 겨울은 내 체질과 삶의 양태에도 영향을 미쳤을 게 확실하다. 살고 보니 알겠다, 내 운명이 읽고 쓰는 일이라는 것을! 10대 중반에 첫 시를 쓴 뒤로 평생에 걸쳐 글을 썼다. 어떤 마법 같은 운명이 나를 덮쳤던 게 확실하다. 내 운명은 "읽고 쓰면서 불 쇠를 두드리듯 인생을 연마한다"[4]라고 할 수 있을 테다.

산모의 좁은 산도를 헤치고 피와 양수로 범벅된 채 태어난 아기 얼굴은 쪼글쪼글하다. 아기는 제 얼굴에 묻은 피와 양수 때문에 불쾌감으로 사지를 버둥대다가 낯선 공기를 흡, 하고 들이마신다. 비강으로 들어온 공기는 건조하고 식초처럼 따갑다. 그 바람에 놀란 아기가 울음을 터뜨린다. 도대체 누가 저 아늑하고 편안한 피안에 있던 아기를 차고 메마른 세상으로 불러냈단 말인가! 아기는 발버둥을 치며 울음을 토해내는데, 그것은 태어남의 불편에 대한 호소였을 테다. 만약 나무로 태어났다면 울지 않았을 것이다. 나무였다면 뿌리로 지하 세계의 힘들과 연결하고, 하늘로 치솟은 가지들로 하늘의 일들을 살피고 주의를 기울였을 텐데……. 나무는 감히 사람이 살지 못한 삶의 비밀을 봉인한 채 서 있다. 나무는 태어나 울음을 터뜨리는 대신에 꽃을 피우고 열매를 땅으로 떨어뜨리는 일을 반복한다.

내 엉덩이 요천골에는 청색 몽고점이 뚜렷한데, 이것은 내 인류학적 계통 발생의 근거를 일러주는 물적 증거다. 몽고점, 이것은 아득한 태고의 시간이 내 몸에 찍은 혈통의 바코드 같은 것이다. 누군가가 그 몽고점을 운명의 낙인처럼 갖고 태어난 아기를 따뜻한 물에 담갔다. 양수와는 촉감이 달랐던 물은 경수硬水였다. 누군가가 아기를 씻긴 뒤 배냇저고리를 입혔다. 혼비백산 중 첫아기를 얻은 여인은 아기가 입술을 내밀어 제 가슴을 암팡지게 물었을 때 아기의 힘에 놀란다. 여인의 젖에서 흘러나온 초유가 아기의 목구멍으로 넘어간다. 아기에게 젖을 물린 채 산고로 지친 여인은 잠이 든다.

내가 태어난 시각에는 겨울 해가 걸려 있었다. 자정을 기점으로 시간은 자子, 축丑, 인寅, 묘卯, 진辰, 사巳, 오午, 미未, 신申, 유酉, 술戌, 해亥의 순서로 지나간다. 쥐가 가고, 소가 가고, 호랑이가 가고, 토끼가 가고, 용이 가고, 뱀이 가고, 말이 가고, 양이 가고, 원숭이가 가고, 닭이 가고, 개가 가고, 돼지가 가고, 다시 쥐가 오고, 소가 오고……. 유시酉時에 태어난 사람은 닭의 시간을 지배하는 운명에 영향을 받을 수밖에 없다. 해를 덮은 구름은 어둠을 품어 보라색으로 보인다. 정오가 진리의 계시 시각이라면 황혼은 빛과 온기가 사라지고 어둠이 오는 시각이다. 나는 닭들이 횃대에 올라가 잠잘 준비를 하는 유시에 태어났다. 유시는 신시申時와 술시戌時 사이에 있다. 유시는 닭의 시간이다. 닭은 달관과 먹이를 구하는 부지런함이란 품성을 함께 갖고 있는 동물이다. 겨울에 닭이라니! 그건 궁핍한 조건에 내던져진 존재라는 뜻이다.

태어남은 그 불가피한 업이 계시되는 순간이다. 사람은 태어나는 순간 죽음을 향해 달린다. 누구도 죽으려고 태어나지 않지만 죽지 않는 사람은 없다. "사람은 태어나서 살다가 죽는다."(《도덕경》 50장) 죽음은 생명의 이면 옵션이다. 생명을 잘 보존하는 것, 즉 양생養生은 그 어떤 것보다 중요한 덕목이다. 당신은 양생의 도에 잘 따랐다고 말할 수 있는가? 양생의 도란 이런 것이 아닐까? 교만과 욕심을 비우고 자연의 이치에 따르는 게 바로 노자의 도가 아닐까?

노자는 용병론을 통해 도의 핵심을 풀이한다. 흔적 없이 행군하고, 으스대지 않고 물리치며, 무기를 들지 않고 싸우는 용병론을 높이 친다. 이 용병론의 핵심은 싸움을 회피하는 것이 아니라 진용을 갖추되 기다렸다가 적절한 때에 나가서 싸우는 데 있다. 이것은 싸움에서 이기는 상책이다. 전쟁 경험이 많은 장수는 상책을 쓰고, 하수는 물러서지 않고 무모하게 싸우는 하책을 쓴다. 노자는 말한다. "상대를 가볍게 여기는 것이 가장 큰 재앙이니, 적을 가볍게 여기면 나에게 있던 보배를 잃게 된다禍莫大於輕敵, 輕敵幾喪吾寶." 싸움의 상대를 존중하지 않고 가볍게 여기는 태도는 필경 패배를 불러온다. 모든 승부에 작동하는 원리는 '경적필패輕敵必敗'라는 것이다. 그러니 훌륭한 장수는 애써 물러서는 자애를 보여준다. 이 자애로움에는 노자가 말하는 무위의 도가 깃들어 있다. 그는 "슬퍼하는 자가 이긴다"라고 했는데, 슬퍼하는 자가 바로 자애로운 자다. "자애로움으로 싸우면 이기고, 자애로움으로 지키면 굳건하다夫慈以戰則勝, 以守則固."(《도덕경》 67장) 우리가 살아내는 나날도 들여다보면 싸움의 연속이라고 할 수 있다. 싸움에서 이기려면 일부러 함을 삼가고 자신을 늘 낮춰야 한다. 겸손은 자기를 내세우지 않음이고, 남과 다투지 않음 속에서 진가를 드러낸다. 다툴 일이 생기더라도 물러서고, 화를 내기보다는 자애로 감싸는 것이다. 이것이 도의 실천이고 덕의 실행이다. 자애로움으로 적을 감싸안고 슬퍼하는 자가 기어코 승리한다.

못난 사람이 도를 들으면
크게 비웃는다

하사문도 대소지 下士聞道 大笑之

훌륭한 사람은 도를 들으면 힘써 실행하고, 어중간한 사람은 도를 들어도 긴가민가한다. 못난 사람이 도를 들으면 크게 비웃는다. 비웃음을 사지 않는다면 도라고 하기에는 부족하다.

_《도덕경》 41장

사람에는 두 부류가 있다. 매력에 빠져 자주 보고 싶은 경우가 있는가 하면, 알수록 삭막한 바닥을 보아 버린 듯 식상해지는 경우도 있다. 그 차이는 대체로 취향의 차이이기 일쑤다. 고가구를 좋아하느냐, 모던한 가구를 좋아하느냐 하는 것은 취향의 차이다. 술꾼이라도 와인바를 좋아하는 사람이 있는가 하면, 민속 주점을 더 좋아하는 사람도 있다. 이 다름도 취향의 차이에서 생긴다.

취향이란 매혹을 일으키는 마음의 지향이자 경향

을 가리킨다. 소비를 하거나 연애 상대를 고를 때, 취향이 선택의 기준이 된다. 취향은 나를 나답게 만드는 아비투스이자 내면에 찍힌 낙인이다. 돌아보니 내가 좋아하는 사람은 나와 같은 취향을 가진 사람이었다. 나는 취향이 인격을 반영한다고 믿는다. 고상하고 좋은 취향을 가진 사람일수록 훌륭한 인격을 가졌으리라. 반대로 취향이 천박한 이에게서 청고한 인격을 기대하는 건 난망한 일이다.

사람의 음악 취향을 중요하게 여기는데, 그것은 스물 무렵 고전 음악에 빠져 지낸 경험 탓이다. 나는 쥐가 풀 방구리 드나들 듯 음악 감상실을 부지런히 드나들었다. 베토벤의 피아노 소나타 〈열정〉을 처음 들으며 심장 박동이 빨라지다가 절정 부분에서 숨이 멎는 경험을 했다. 베토벤 음악에 식견은 없었지만 피아노 건반을 두드릴 때마다 울려 나오는 음에 담긴 아름다움과 숭고함에 내 영혼이 반응했던 것이다. 요한 제바스티안 바흐의 〈파르티타〉나 니콜로 파가니니의 바이올린 협주곡 1번을 들었을 때 감동의 눈물을 흘렸는데, 그게 음악의 힘이라고 믿었다. 20대 한때를 음악 감상실에서 보내며 쇼팽, 브람스, 파가니니, 비탈리, 브루흐, 무소르그스키, 라흐마니노프 등의 음악을 들었다. 나는 음악을 통해 상심한 내 영혼은 위로와 기쁨을 얻었고, 결과적으로 고전 음악이 취향의 한 품목으로 굳혀졌다.

고전 음악을 미칠 만큼 좋아하지만, 타인에게 제 취향을 강요하는 편협한 사람은 싫다. 라흐마니노프의 피아노 협주곡을 좋아하지만 여럿이 어울린 자리에서 최백호의 〈낭만에 대하여〉를 멋지게 부를 수 있는 사람도 좋다. 그 취향의 유연성에 손뼉을 쳐주고 싶다. 나는 책 읽는 습관이 밴 사람, 전시장을 자주 찾고 일부러 시간을 내서 연주회에 가는 사람, 항상 무해하고 재치 있는 유머를 즐기는 사람을 좋아한다. 그런 취향을 가진 이들은 내면이 견고한 교양인이다.

당신의 숨은 내면을 보여주는 것은 바로 당신의 취향이다. 대화가 돈벌이의 수단인 부동산이나 주식 투자의 언저리를 벗어나지 못하는 사람과 함께 있을 때 끔찍하다. 제 학벌이나 인맥을 자랑하는 사람도 끔찍하다. 그것은 교양의 빈곤과 취향의 너절함을 드러낼 뿐이다. 말과 행동이 어긋나는 사람, 지나치게 잘난 척하는 사람, 거짓말을 자주 하는 사람, 자기 잇속 차리기에 바쁜 사람은 두 번 다시 만나고 싶지 않다. 대화의 소재가 풍부한 사람, 친절하고 다정한 인격을 가진 사람, 이타적이고 남에게 베푸는 걸 좋아하는 사람, 편견이 없는 사람, 유머 감각이 뛰어난 사람은 자주 만나며 친하게 지내고 싶다. 특히 책을 즐겨 읽는 사람을 좋아한다. 그런 사람은 대화의 소재가 풍부하고 식견이 뛰어날 뿐만 아니라 함께 보낸 시간이 항상 보람 있고 즐겁다.

노자는 시종일관 도에 대해 말하지만 도는 깊이 알아갈수록 막연하고 모호할 뿐이다. 《도덕경》은 도 사상을 집약하는 현자의 언술이다. 더 쉽게 말하자면 '어떻게 살 것인가?'라는 물음에 대한 노자의 대답이다. 우리는 그 도를 어렴풋하게 인식한다. 도의 일차적 의미는 길이다. 만물의 시초요, 궁극의 본질이라는 뜻이다. 도는 삶의 형식이자 내용이다. 노자는 말한다. "훌륭한 사람은 도를 들으면 힘써 실행하고, 어중간한 사람은 도를 들어도 긴가민가 한다上士聞道, 勤而行之, 中士聞道, 若存若亡." 도는 실행으로 그 가치를 증명할 수 있다. 도를 듣고도 실행하지 않는 사람은 긴가민가한다고 했다. 나 역시 《도덕경》을 10여 년 동안 옆에 끼고 읽고 나서도 긴가민가 했다. 도에 대한 깨달음이 얕고 믿음은 묽었던 탓이다. 노자는 여기서 한 걸음 더 나간다. "못난 사람이 도를 들으면 크게 비웃는다. 비웃음을 사지 않는다면 도라고 하기에는 부족하다下士聞道, 大笑之, 不笑不足以爲道." 왜 이런 사태가 생기는가? 도는 크고 넓어 인간의 머리로는 측정하기 어려울 지경이다. 그 의미 역시 한정 지을 수 없다. 우리의 인식 범주에서 도의 의미를 다 받아들이기는 불가능할지도 모른다.

도에 이름을 붙이기 어렵다는 것도 그런 이유에서다. 그것은 이름이라는 좁은 형식에 도의 큰 의미를 억지로 가두는 어리석은 행위다. 노자는 《도덕경》 첫 장에서 이미 "도라고 말할 수 있는 도는 항상 그러한 도가 아니요, 이름으로 부를 수 있는 이름은 항상 그러한 이름이 아니다"라고 하지 않았던가? 도를 도라고 말할 수 없는 것은 개념적 지식으로는 그 의미를 다 포용할 수 없다는 뜻이다. 도를 알았다고 하는 순간 도의 범주는 우리 뇌의 협량한 수준으로 쪼그라든다. 천지에 작동하는 근본 원리이자 우리가 구하는 궁극의 진리가 하나로 뭉뚱그려진 도를 그 누가 다 안다고 할 수 있을까? 그러므로 훌륭한 사람은 도를 듣고 힘써 실행에 옮길 뿐, 그 의미를 해석하는 데 힘을 낭비하지 않는다.

잘 살려면
욕심을 비우라

소사과욕 少私寡欲

성스러움을 끊고 지혜를 버리면 백성의 이익이 백배가 되고, 어짊을 끊고 의로움을 버리면 백성이 효성과 자애를 되찾고, 교묘함을 끊고 이로움을 버리면 도적이 없어진다. 이 세 가지로는 무위를 다 말할 수 없다. 그러므로 따라야 할 말을 덧붙인다. 가공되지 않은 본디의 소박함을 지키며, 사사로움을 누르고, 무엇인가 하고자 하는 욕심을 적게 하라.

_《도덕경》 19장

가는 봄은 곧 돌아올 봄이다. 무심히 가는 봄날을 앞으로 몇 번이나 더 맞을지 헤아려보다가 일순 머리가 아득해진다. 하얀 양파 뿌리 같은 봄비 며칠. 활엽수엔 새잎들이 돋아 초록이 짙어지는데, 작약과 모란의 꽃망울이 맺히는 계절은 이토록 풋풋한데 나는 어쩌자고 쓸쓸한가? 나는 꿈도 야망도 없이 술과 담배, 포커도 배우지 못한 채 고작 시나 쓰던 무명의 청년이었다. 어쩌다 김소월, 다자이 오사무, 에릭 사티 같은 자멸파 예술가들에게 마음이 홀려 그들을 흠모하며 따랐을 뿐이다.

그 젊던 날엔 앞날이 안 보이고 현실은 팍팍했으니 살기에도 죽기에도 애매모호했다. 끝내 미치지도, 하룻밤 새 유명해지지도 않았던 청년은 새벽에 헤르만 헤세나 알베르 카뮈의 번역 소설을 뒤적이다가 먼 데서 들려오는 소리에 귀를 기울였다. 먼 곳에서 누군가가 나를 그리워하며 찾고 있을 듯했다. 모란꽃 같은 첫사랑을 갈망했지만 여자와 눈만 마주쳐도 화들짝 놀라는 숙맥이니 그건 애초에 불가능했다. 소심하고 수줍음이 많은 청년, 살점이 없고 팔다리가 가는 청년은 누군가를 가슴에 품고 죽을 듯이 연모했던가? 몇 밤을 불면으로 새우며 얼굴은 창백했던가? 첫사랑의 꿈은 아득해지고, 청년은 속물이 되어 아무 쓸모도 없는 나이만 자꾸 먹었다.

누군가를 연모했지만 제대로 된 연애는 없었다. 그렇게 세월을 축내며 혼자 우연과 모호함 속에 웅크리고 있었다. 누군가는 군대를 가고, 누군가는 사법고시를 준비한다고 절로 들어갔다. 누군가는 먼 외국으로 기약 없이 훌쩍 유학을 떠났다. 나는 여중생 가정교사를 하며 중학 수학과 영어를 가르치고, 음악 감상실에서 니콜로 파가니니나 막스 부르흐의 바이올린 협주곡을 들었다. 구스타프 말러의 교향곡을 처음 영접했을 땐 큰 충격을 받았다. 그리고 헌책방을 기웃거리거나 프랑스 문화원에서 젊은 알랭 드롱이 나오고 한국어 자막은 없는 프랑스 영화를 뜻도 모른 채 보았다.

실업계 고교를 중퇴한 뒤 양봉업을 배우거나 외항선을 타고 먼 나라들을 떠돌고 싶었지만 기술도, 노동을 감당할 만한 체력도 없었다. 이때 니체의 《차라투스트라는 이렇게 말했다》를 읽었는데, 일본어 중역본이었다. 은유는 화사하고 사상은 바닥이 없는 심연인 듯 깊었다. 니체에게 흠뻑 빠졌던 시절은 마종기 시인의 연작시를 줄줄 외우던 시절이기도 했다. "죽은 친구는 조용히 찾아와 / 봄날의 물속에서 / 귓속말로 속살거리지, / 죽고 사는 것은 물소리 같다."(《연가 9》) 봄날엔 누군가가 귓가에 삶과 죽음은 경계가 없다고 속삭이는 듯했다. "의학교에 다니던 5월에, 시체들 즐비한 해부학 교실에서 밤샘을 한 어두운 새벽녘에, 나는 순진한 사랑을 고백한 적이 있네. 희미한 전구와 시체들 속살거리는 속에서, 우리는 인육人肉 묻은 가운을 입은 채 포옹을

한 적이 있네. / 그 일 년이 가시기 전에 시체는 부스러지고 사랑도 헤어져, 나는 자라지도 않는 나이를 먹으면서 아, 실내의 방황, 실내의 정적을 익히면서 진보하였었네. / 홍차를 마시고 싶다던 앳된 환자는, 다음날엔 물속에 잘 녹은 소리가 되고, 나는 높은 돌담 위에 피는 백목련을 기다리게 되었네. 꽃은 이상하게 해마다 피고 멀리 서서도 나는 기억할 것이 있었네." 내겐 죽은 친구도 없었으니 죽은 친구가 찾아와 귓속말할 리는 없었다. 그 시절 내 마음 여린 곳에 박힌 시의 화살은 아직도 그 자리에 있다.

니체는 라이프치히의 한 서점에서 쇼펜하우어의 《의지와 표상으로서의 세계》를 사서 가슴에 품고 돌아와 하루 네 시간씩 읽으며 엿새 만에 완독한다. 니체는 나와 같은 스무 살이었다. 그는 쇼펜하우어를 알고 난 뒤 가슴에 벅차오르는 기쁨을 누르며 제 누이에게 이런 편지를 쓴다. "우리는 무얼 찾고 있는 거지? 일상의 안위, 아니면 행복? 그게 아니야, 어쩌면 너무나 소름 끼치도록 그릇된 진실 외엔 아무것도 아닐지도 몰라……." 내가 찾은 것은 일상의 안위도, 행복도, 인생의 진실도,

첫사랑의 황홀경도 아니다. 어쩌면 그것은 잉여나 사치에 지나지 않는다. 내 갈망은 작고 꿈은 소박했다. 겨우 책 몇 권, 고전 음악, 혼자 고요히 머물 수 있는 작은 방 한 칸이면 충분했다.

모란꽃 흐드러진 그해 봄은 미칠 만큼 아름다웠다. 햇빛과 만개한 꽃들, 잉잉거리는 꿀벌들, 새의 명랑한 지저귐, 젊은 여자들의 웃음소리가 어우러진 봄날. 어쩌자고 나만 빼고 이 세상이 다 행복에 겨워 웃고 있는가? 어린아이들이 까르륵대며 웃을 때 내 가난과 불행 따위는 너무나 하찮아서 헛웃음이 나올 지경이었다. 나는 아무에게나 머리를 숙이며 사과하고 싶었다. 죄송해요, 이렇게 사는 건 다 제 불찰입니다. 나는 깊은숨을 들이마신다. 아, 세상은 아름다워라, 라는 찬탄의 말이 저절로 나온다. 그 시절 노트 한 귀퉁이에 몰래 적어놓은 "삶은 아름답다, 그것 말고 구원은 어디에도 없다"[5]라는 구절은 카뮈의 것이던가?

모란꽃 피어 찬란할 때 미칠 만큼 살고 싶었다. 삶을 갈망할수록 속은 헛헛하고 기분은 쓸쓸한 건 무슨 까닭일까? 스무 살의 봄날에 내가 찾던 것은 무엇이었을까? 하루 네 시간만 잘 것, 등단 전 시를 200편 쓸 것, 하루에 영어 단어 50개를 외우고 영작문에 매진할 것, 가짜와 상투성에 맞서 싸울 것, 고통으로 자신을 단련할 것, 불행에 겁먹지 말 것 등을 금과옥조로 품었다. 스무 살의 봄, 내 꿈은 세상과 타협하지 않고 사는 것, 시골구석에서 모란과 작약을 심고 아내와 어린 딸을 건사하는 것뿐이었다. 그 이상의 어떤 야망도 없었다. 스무 살 이후 내가 살아 있는 건 기적이다. 늘 새로운 봄을 맞는 것도 기적이다. 물풀처럼 한가롭게 흐느적이는 사이, 늦봄은 저물고 천천히 사라지는 중이다.

긴 겨울을 지나 왔던 봄이 한순간에 사라지듯이 내 젊은 날도 사라졌다. 돌이켜보면 20대 초반엔 서른 너머의 인생을 상상조차 할 수 없었다. 젊은 날의 치기와 어리석음을 떠올리면 지금도 간지럽고 낯이 뜨거워진다. 나는 고요도 깊이도 지극함도 없이 들떠 날뛰었는데, 용케도 죽지 않고 살아남았다. 누구나 스무 살 이후를 사는 건 기적이다.

노자는 말한다. "성스러움을 끊고 지혜를 버리면 백성의 이익이 백배가 되고, 어짊을 끊고 의로움을 버리면 백성이 효성과 자애를 되찾고, 교묘함을 끊고 이로움을 버리면 도적이 없어진다絕仁棄義, 民復孝慈, 絕巧棄利, 盜賊無有." 성스러움을 끊고 지혜를 버리라고 말하는 이 구절은 납득하기 어렵다. 그것을 버려야만 비로소 효성과 자애를 되찾는다고 말하는데, 도대체 무슨 뜻으로 이 말을 했을까? 인과 의는 사람이 궁구해낸 도덕 원리지만 이에 얽매이면 자연스러움을 잃는다. 자세히 들여다보면 이 말은 무위를 강조하는 맥락에서 나왔음을 알 수 있다. 어짊과 의로움조차도 무위의 일이 아니다. 그것은 자연 그대로가 아니라 배워서 익힌 지혜다. 노자는 무위로 돌아가라고 권유한다. "사사로움을 누르고, 무엇인가 하고자 하는 욕심을 적게 하라見素抱樸, 少私寡欲." '소素'는 물들이지 않은 자연 그대로의 것이다. '박樸'은 다듬지 않은 통나무를 가리킨다. 통나무는 표면으로는 깎거나 다듬지 않은 자연 그 자체이고, 속뜻은 소박함이다. 무위는 꾸미지 않고 있는 그대로의 있음 속에서 구현되는 것이다. 우리 안의 욕심이란 늘 자연의 그러함을 초과하는 일이다. 자신이 가진 상징 자본보다 더 덧보이고 싶은 것은 어쩌면 보통 사람의 당연한 욕심이다. 어짊과 의로움도 자연의 소박함에 견주자면 보잘것없다. 무엇인가 하고자 하는 욕심이 커지면 소박함에서 멀어진다. 그런 까닭에 노자는 그것을 경계하라고 일렀던 것이다.

도는 스스로
위대하다고 하지 않는다

가명위대 可名爲大

큰 도는 넉넉하여 한자리에 붙박이지 않으니 좌우를 가리지 않고 자유자재 한다. 만물은 도의 작용으로 생겨나지만 이를 자랑하지 않고 만물을 이루어낸 공을 내세우지도 않는다. 큰 도는 만물을 길러내더라도 주인 노릇을 하지 않는다. 도는 늘 하고자 함이 없으니 하찮다고 이름 붙일 수 있다. 세상 만물이 그 품에 돌아와 안기지만 그것을 주재하지 않으니 위대하다고 이름 붙일 수 있다. 큰 도는 스스로 위대하다고 생각하지 않음으로써 끝내 그 위대함을 이룰 수 있다.

_《도덕경》 34장

 겨울이 오면 어쩌나. 첫눈이 푸슬푸슬 내리면 어쩌나. 소설小說은 눈의 계절을 예고한다. 살얼음이 얼고 북풍이 부는 계절에 찬 공기가 비강의 연한 데에 비벼지면 식초에 닿은 듯 따끔거린다. 장롱에서 내의를 꺼내 입고 패딩이나 오버코트를 걸칠 무렵은 신춘문예의 계절이다. 스무 살 무렵부터 신춘문예의 계절이 오면 열병을 앓았다. 시립도서관 참고 열람실에서 봄에서 가을까지 책이나 읽다가 일간지에 신춘문예 공모 기사가 뜨면 가슴이 설레고 손이 분주해졌다. 신춘문예 공모 마감일이 다가올수록 온몸에 긴장감이 차올랐다. 심장이 불덩이처럼 뜨거워져서 끼니를 걸러도 배고픈 줄 모르고, 추워도 추운 줄 몰랐다.

그해는 이상했다. 마감 일자가 다가오지만 초조함도 없고 쫓기는 기분도 아니었다. 먼 데서 누군가 찾아올 듯 기대감에 차 있었다. 스무 편 남짓한 시, 비평 원고도 두 개나 썼다. 마감 당일에 광화문 인근에 몰려 있는 신문사 몇 군데를 돌며 시와 평론 원고를 제출하고 돌아왔다.

이튿날 청량리역에서 밤 기차를 타고 정선으로 떠났다. 짐이라곤 세면도구를 담은 작은 가방과 유화 도구뿐. 왜 강릉이나 속초가 아니었을까. 정선에 연고가 있던 것도 아니었다. 정선역에 내려 여관을 잡고 잠을 잤다. 이튿 날 아침밥을 먹은 뒤 이젤과 작은 캔버스를 들고 나가 강원 내륙의 황량한 거리 풍경을 그렸다. 거리에는 인적이 없었다. 찬바람이 마른 먼지를 몰고 다녔다. 정선에서의 며칠이 좋았다고 할 수는 없다. 여량, 예미, 사북, 태백 같은 강원 내륙의 소도시를 헤맬 때 폭설이 내렸던가? 눈이 왔는지, 안 왔는지 기억이 가물가

물하다.

　문학이냐 생활이냐. 두 개의 선택지 앞에 서 있었다. 생산이 없는 방황과 맹목을 좇는 치기는 떨쳐야 한다. 문학 따위는 버려도 그만이라는 생각을 했다. 겨울 여행을 마치고 청량리 역사에 내려 거울에 비친 몰골을 얼핏 보니 부랑자와 다를 바 없었다. 꾀죄죄한 옷매무새에 유화 물감이 덜 마른 캔버스를 들고 역내를 빠져나왔다. 청량리역 광장에서는 구세군의 종소리가 울리고 있었다. 세밑 거리는 활기찼다. 크리스마스 캐럴이 울려 퍼졌고, 행인들은 총총걸음으로 사라졌다. 집에 돌아와서야 기쁜 소식을 들었다. 찬란한 예감 따위는 없었지만 나를 기다린 것은 신문사 두 군데에서 신춘문예 당선을 알리는 전보였다. 집에 전화가 없었기에 전보로 당선 통지를 받았다. 시 당선, 문학 평론 입선을 알리는 전보 용지를 든 손이 덜덜 떨렸다.

　새해가 되어 한 출판사의 연락을 받고 면접을 보러 갔다. 누군가는 신춘문예에 시와 문학 평론이 당선된 걸 갸륵하게 여겼을 테다. 며칠 뒤 편집부 취업을 통보받고 시장에서 기성 양복 한 벌을 사 입었다. 취업이

입사 의식이라면 양복은 사회인의 제복일 테다. 첫 출근 날, 외톨이로 떠돌던 문학청년 시절이 끝났다는 걸 깨달았다. 이제 방황은 사치에 지나지 않는다는 자각 속에서 당분간 바위 같은 생활의 무게를 감당하며 삶에 복무하겠다고 결의를 다졌다.

    노자는 말한다. "큰 도는 스스로 위대하다고 생각하지 않음으로써 끝내 그 위대함을 이룰 수 있다可名爲大, 以其終不自爲大, 故能成其大." 노자가 이르는 것은 욕망과 공명심에 빠지는 일을 경계하라는 것이다. "도는 늘 하고자 함이 없다常無欲." 이것은 도의 본질이 무욕과 무위에 있음을 말한다. 나는 이름을 가졌으나 그 이름을 써먹지 못했다. 누구나 무명 생활이 오랫동안 이어지는 동안 괴로움이 떠나지 않는다. 과연 나는 등단할 수 있을까? 오랜 무명에서 벗어나 빛을 볼 수 있을까? 나는 스스로의 재능을 의심하고 회의에 빠져 있기 일쑤였다. 단 한 번도 스스로 위대하다고 생각한 적이 없었기에 재능을 뽐내거나 자랑할 일도 없었다. 오히려 재능의 곤궁함을 탄식하고 벽에 머리를 찧으며 괴로워하곤 했다. 내가 작게나마 무언가를 이루었다면 그것은 스스로 하찮음을 깨닫고 그 한계를 넘어서기 위해 자신을 다그치고 노력한 덕분일 테다.

자신을 아는 사람이
현명하다

자지자명 自知者明

남을 살필 줄 아는 자는 슬기롭고, 자신을 살필 줄 아는 자는 밝다. 남을 이기는 자는 힘이 있고, 자신을 이기는 자는 굳세다. 만족함을 자는 아는 넉넉하고, 굳세게 나아가는 자는 뜻함이 있다. 자기 자리를 잃지 않는 자는 오래 변함이 없고, 죽어도 사라지지 않는 자는 길이 남는다.

_《도덕경》 33장

《도덕경》은 5,000자에 불과한 책이다. '인류 역사에 가장 큰 영향을 끼친 100인'을 꼽는다면 당연히 노자가 들어갈 테다. 2500여 년 전에 쓰인 《도덕경》은 깊이를 헤아릴 수 없는 심오함으로 인류에게 큰 영향을 끼친 책으로 꼽힌다.

노자의 시대는 중국이 여러 작은 나라로 쪼개져 서로 세력을 다투느라 크고 작은 분쟁과 전쟁이 끊이지 않았다. 이 분열의 시대, 위기의 시대에 천하의 질서가 어지러워지자 민초들의 삶은 피폐해졌다. 이 춘추전국

시대에 숱한 현자와 사상가가 나왔으니, 또한 제자백가의 시대이기도 했다. 노자는 그중 한 사람으로 천하의 질서를 바로잡고자 도와 덕의 철학을 세우려고 했다.

만물은 변화함 속에 있고, 이를 따르지 못하는 생물 개체는 도태되고 만다는 게 생물학이 일러주는 진실이다. 요즘 사람들이 부쩍 자주 입에 올리는 '혁신'이란 변화하는 세상의 흐름을 함께 타며 자기를 바꾸는 것, 즉 변화시키는 것을 뜻한다. 혁신하지 않는 개인이나 조직은 변화의 소용돌이에 휩쓸려 도태된다.

아프리카 초원의 사자들은 풀을 뜯고 있는 가젤이 방심할 때를 노려 사냥에 나선다. 가젤은 사자에게 잡아먹히지 않기 위해 온 힘을 다해 달린다. 이렇듯 유동하고 변화하는 세계 안의 존재들은 그 변화와 유동하는 환경에 적응해야만 한다.

현대 경영학에서 혁신은 생존 전략이자 가장 지속적인 화두일 테다. 그건 인간에게도 마찬가지다. 세계가 구조 변화를 멈추지 않기에 그에 따라 개인이나 조직은 변화와 혁신을 멈출 수 없다. 아프리카 초원의 사자나 가젤도 마찬가지다. 오늘의 초원은 어제의 초원과 다르다. 내일의 초원은 오늘의 초원과 또 다를 테다. 어제 가젤을 포획해 포식한 사자가 게으름을 피운다. 어제 용케도 사자의 추격을 따돌린 가젤이 경계를 늦추며 풀밭을 어슬렁거린다. 오늘 가젤 사냥에 실패한 사자가 내일 가젤을 포획하리라는 보장은 없다. 마찬가지로 어제 사자에게서 필사적으로 달아난 가젤이 오늘도 같은 행운을 누리라는 보장은 없다.

미래는 내일 만들어지는 것이 아니다. 내일은 이미 늦다. 오늘의 계획과 실행이 내일을 빚는다. 내일이란 오늘의 결과물이다. 내일을 위해서는 오늘이라는 조건을 다 써야 한다. 분명한 것은 한 가지뿐, 즉 미래는 오늘 존재한다는 것이다. 오늘은 미래의 씨앗이고 징후다. 그 누구도 알 수 없는 것은 미래가 불확실함과 불연속성에 감싸여 있는 까닭이다. 오늘 할 수 있는 일은 미래의 비전을 품는 것, 그 비전을 위해 오늘 최선을 다하는 것이다. 미래는 오는 것이 아니라 우리가 만들고 빚는 것이다. 변화를 두려워하지 말자. 오늘을 불꽃으로 다 태워버릴 듯이 뜨겁게 살자!

노자는 미래가 어떻게 변할지 모를 불안정한 시대

를 살았다. 그는 이 시대의 혼란과 현실의 요동침이 도가 실현되지 못한 까닭으로 보았다. "세상에 도가 실현되면 전쟁에 쓰이던 말로 농사를 짓지만, 세상에 도가 실현되지 않으면 말들이 성 밖에서 새끼를 낳는다_{天下有道, 却走馬以糞, 天下無道, 戎馬生於郊}."(《도덕경》 46장) 천하에 도가 있다면 말들은 전쟁터가 아니라 논밭에서 쟁기질을 했을 테다. 천하에 도가 없으니 말들이 전쟁터로 끌려가 전선에서 새끼를 낳았다.

말이나 민초의 운명은 하나다. 전쟁이 일어나면 전쟁터로 끌려 나갔다. 천하에 도가 펼쳐지지 않아 요동쳤고, 민초들은 늘 노역과 전쟁에 시달려야 했다. 민초들의 고달픔은 제 의지나 도덕과 상관없이 세상에 도가 없음에서 비롯한 것이다. 노자는 입만 열면 도를 외쳤다. 도는 그 뜻이 넓고도 깊어 매우 애매하다. 알 듯 모를 듯한 게 바로 도다. 도를 시원하게 설명할 수 있는 사람은 없다.

도란 무엇인가? 이를 알려면 먼저 도의 문자 구성을 살펴볼 필요가 있다. "이 낱말은 사람이 어디론가 가고 있는 모양을 그린 글자 '辶'과 사람의 몸 중 가장 위에 있는 머리 부분을 나타내는 '首'를 나타내는 글자를 합성한 회의 문자다. 그런데 首는 사람 자체를 상징한다고 볼 수도 있고, 사람의 얼굴을 상징한다고 볼 수도 있다. 전자의 首는 그저 사람이지만, 후자의 首는 형이상학적 존재자로서의 사람이다. 하여 이것은 '사람이 걸어 다니는 길'을 지시한다고도, '형이상학적 존재자인 사람이 의당 걸어가야 할 길'을 지시한다고도 말할 수 있겠다."[6] 도는 텅 비어 있고 모양이 없다. 그것이 도의 존재태라면 무위는 도의 활용태다. "무위를 실천하면 다스려지지 않는 것이 없다爲無爲, 則無不治."《도덕경》 3장)

사마천은 《사기》에서 이렇게 말한다. "노자가 귀하게 생각하는 도는 허무虛無이고, 자연을 따르며 무위無爲 속에서도 다양하게 변하는 것이다. 그러므로 그가 지은 책은 말이 미묘하여 이해하기 어렵다. 장자는 노자가 말한 도덕의 의미를 미루어 풀어서 자신의 생각을 자유롭게 펼쳤는데, 그 요지는 자연으로 돌아가라는 것이다. 신불해는 손쉽게 도덕을 형명과 법술에 적용시켰고, 한비는 먹줄을 친 것처럼 법규를 만들어 세상의 모든 일을 결단하고 옳고 그름을 분명히 하였지만 너무나

가혹하여 덕망이 부족했다. 이들의 학설은 모두 도덕에 그 근원을 두고 있지만 그 가운데 노자의 학설이 가장 깊다."[7]

노자 철학의 바탕은 원리로서의 도이고, 그 바탕에 깔린 게 무위다. 그 활용의 큰 줄거리는 피세避世에 있다. 노자는 항상 비우고, 멈추고, 물러서라고 말하는데 이게 무위자연의 실행 방식이다.

남을 살필 줄 아는 것은 슬기고, 자신을 돌아보며 살필 줄 아는 것은 지혜다. 잘 살려면 남을 알고, 동시에 나를 알아야 한다. 나는 나고, 너는 너다. 아니다. 나는 너에게 비친 상이고, 너는 나에게 비친 상이다. 둘은 하나다. 본디 나란 하나의 자연이다. 이것은 세계에 감싸여진 채로 구획되고, 타자들에 의해 무언가로 규정된다. 나는 언제나 세계-나-존재다. 한자어 '아我'와 '여余'는 둘 다 나를 지칭하는데, 그것은 모호함과 불확실성이 없는, 그 자체로 자명한 나다. 나는 끊임없이 무언가를 욕망하고 실행하는 존재다. 나는 언제나 몸, 영혼, 정신을 하나로 아우른다.

인간은 무엇보다도 몸으로 태어나 살다가 몸으로

죽는 존재다. 이 연약한 것, 피부로 감싸인 실체, 애무와 구타에 굴복하고 부서지기 쉬운 몸! "접촉되는 몸, 접촉하는 몸, 상처받기 쉽고 항상 변하고 도주하고 포착되지 않는 몸. 부드러운 애무나 구타 아래로 사라져 버리는 몸. 우리의 그림자가 부유하는 동굴 위로 펼쳐진 애처로운 살갗……."[8] 인간은 몸을 감싼 피부 자아를 갖고 살아간다.[9] 나는 살갗이자 몸으로 빚은 영혼이다. "진실은 살갗이다. 진실은 살갗 속에 있으며 살갗을 이룬다. 꾸르륵 소리와 퀴퀴한 냄새로 가득 찬 '안'을 감싸는 동시에 전적으로 바깥을 향하여 노출된, 전정으로 확장된 것. 살갗은 살갗을 접촉하고 접촉된다. 살갗은 쓰다듬고 어루만지거나, 상처 입고 쓰리고 긁힌다. 살갗은 곧잘 자극을 받거나 흥분한다. 또는 태양과 추위와 열기, 바람, 비를 받아들이고 주름과 점, 사마귀, 찰과상 따위의 안의 흔적들이나 바깥의 징표들(때때로 그것들은 안의 흔적과 동일한 것들이다), 나아가 균열이나 상처, 화상, 자상들을 아로새긴다."[10] 나는 살갗으로 감싸인다. 나는 물질이고 형태를 이룬 채 세계와 접촉하면서 살아간다. 나는 세월과 더불어 유동하고 변화하는 존재다.

그런 까닭에 나는 하나가 아니라 여럿이다.

나는 활동하는 무, 미래의 죽음, 당신과의 배타적 의식에 나타나는 오롯한 '있음'이다. 에케 호모*Ecce Homo*(이 사람을 보라)! 나는 살갗이고, 피와 내장, 심장과 폐다. 진짜 '나'는 몸이 아니다. 항상 몸이자 몸 이상의 그 무엇이다. 내가 그토록 사는 게 힘들었던 까닭은 남도 모르고 나도 모른 채 살았던 탓이다. "남을 살필 줄 아는 자는 슬기롭고, 자신을 살필 줄 아는 자는 밝다(《도덕경》 33장)." 이 구절의 핵심은 '명明'이다. 명은 밝음이자 상대적인 총명함이다. 그러므로 자신을 안다는 것은 자기의 몸과 정체성을 아는 것을 넘어서는 일이다. 자기 한계를 넘음은 곧 자기를 이김이다. 그것이 인식의 서열에서 가장 높은 단계에 있는 밝음이자 총명함이다.

이름 없는 소박함을 구하라

무명지박 無名之樸

도는 늘 하는 일이 없는 듯 보이지만 하지 못함이 없으니, 통치자가 이런 도를 지킬 수만 있다면 만물은 저절로 깨우칠 것이다. 스스로를 깨우치려 한다면 욕심이 일어나게 되는데, 나는 그 욕망을 소박함으로 억누를 것이다. 이름 없음의 본래 바탕은 소박한 것이니 장차 하고자 하는 욕심도 없어질 것이다. 욕망이 없고 고요하면 천하가 저절로 바르게 된다.

_《도덕경》 37장

"안녕하세요. 새해예요. 하는 모든 일마다 잘되길 빌게요." 새해 첫날 낯선 사람에게도 미소를 지으며 이런 인사와 덕담을 건네고 싶다. 수만 년 동안 해가 뜨고 누리에 금빛 햇살이 번진다. 이 햇살은 영혼의 얕음과 깊음을 가리지 않고, 영웅이나 미인이나 범부를 가리지 않고 평등하게 비춘다. 얼마나 다행인지! 만약 영혼이 깊고 숭고한 생각을 품은 이들에게만 햇살이 비춘다면 영혼이 얕은 사람은 평생 그늘에서 살아야 하겠지.

우리는 저마다의 자리에서 새해를 맞는다. 새해 첫

날은 시간관념이 없는 소나 말, 고라니나 족제비에게는 어제와 다를 바 없는 오늘이다. 오늘은 시간의 균등함으로 어제와 다를 바 없으나 새해 첫날로서 의미를 부여받는다. 새해 첫날을 산뜻한 기분으로 맞는 것은 오직 사람의 일이다. 새해 아침 일찍 일어나 언 땅을 디디고 서서 찬 공기를 가슴 깊이 들이마시면 기대와 설렘으로 심장 박동이 빨라진다. 연일 맹추위로 금광호수는 꽝꽝 얼고 들과 산에는 응달진 곳의 잔설뿐, 푸름을 찾아볼 수 없다. 온통 잿빛인 한겨울에도 생명의 온기를 품은 것들은 살기 위해 바지런히 움직인다. 시든 풀숲 아래에서 새들이 씨앗을 찾아 쪼고, 다시 공중으로 힘차게 날아오른다. 저 작은 생명체들이 보여주는 바지런함은 마음에 깊은 감동의 물결을 일으키기도 한다.

 돌이켜보면 많은 계획을 세우고 설렘으로 시작한 한 해는 덧없이 저물고 말았다. 누군가와는 오해 때문에 관계가 서먹해졌고, 기어코 이루고자 했던 일은 다음으로 미뤄지기도 했다. 묵은해의 꿈과 계획은 일부만 이루고, 남은 것들은 실패로 끝났거나 속절없이 접었다. 이룬 것들은 뿌듯함으로, 이루지 못한 것들은 아쉬움으로 남았을 테다. 우리가 버린 꿈들은 시든 국화꽃 다발 같다. 꽃은 시들고 나면 생기와 아름다움이 사라지고 누추한 쓰레기로 변한다.

지난해인 2024년은 다들 사는 일이 팍팍하고 고달팠다고 말한다. 소상공인들은 불황에 허덕이고, 비정규직 청년들은 저임금에 숨이 막히는 듯 고통스러웠다. 청년들이 구하는 양질의 일자리는 드물고, 열심히 일하지만 빚의 굴레에서 벗어나기 힘들었다. 이런 사회에서 꿈과 계획은 당연하게도 어그러졌다.

그렇다고 희망을 아주 접을 수는 없다. 그러기엔 우리 각자에게 주어진 삶은 얼마나 숭고한 것인가? 실망하기에는 아직 이르다. 사는 게 고달프다고 꿈과 희망을 포기하는 순간 우리는 늙기 시작한다. 나이가 든다고 늙는 게 아니라 꿈이 낙담과 실망으로 대체되는 순간 늙는 것이다. 꿈 없이 늙는 사람은 세월이 갈수록 주눅이 들고 추레해질 뿐이다. 튀르키예의 국민 시인 나짐 히크메트는 이렇게 노래한다.

가장 훌륭한 시는 아직 쓰이지 않았다.

가장 아름다운 노래는 아직 불려지지 않았다.

최고의 날들은 아직 살지 않은 날들

가장 넓은 바다는 아직 항해되지 않았고

가장 먼 여행은 아직 끝나지 않았다.

불멸의 춤은 아직 추어지지 않았다.

가장 빛나는 별은 아직 발견되지 않은 별

무엇을 해야 할지 더 이상 알 수 없을 때

그때 비로소 진정한 무엇인가를 할 수 있다.

어느 길로 가야 할지 더 이상 알 수 없을 때

그때가 비로소 진정한 여행의 시작이다.

_나짐 히크메트, 〈진정한 여행〉 전문

14세 때 시를 지을 만큼 조숙한 천재였던 나짐 히크메트는 튀르키예 공화국 시인 중 처음으로 국제적 명성을 얻은 시인이다. 1921년 모스크바의 동양근로자대학에서 마야콥스키와 예세닌 등과 교유하고 1924년 조국으로 돌아온다. 그의 문학 여정은 순탄하지 않았다. 반체제 작가라는 낙인이 찍혀 체포되고, 정부에서 작품 발표를 금지해 살아 있는 동안 시를 발표할 수가 없었다. 1950년 감옥에서 나온 뒤에도 모스크바, 프라하, 바르샤바, 부다페스트 등지를 여행하며 시를 썼다. 1963년 6월, 그리워하던 조국 땅을 밟아보지 못하고 모스크바에서 사망한다.

새해 첫날에 가장 훌륭한 시를 꿈꾸고, 가장 아름다운 노래를 부르며, 아직 오지 않은 인생 최고의 날을 기다리는 건 근사한 일이다. 기다리는 것이 오늘 오지 않았다고 낙담하기보다는, 그것이 미래에 있을 일이라고 생각하자. 우리가 넓은 바다, 불멸의 춤, 빛나는 별들을 만나지 못한 것은 미래가 그것을 움켜쥐고 있는 탓이리라. 그러니 실망할 필요는 없다.

사랑과 인생은 똑같은 여행이다. 이 초록별에서의 삶은 편도 여행일 뿐이다. 우리가 더 이상 무엇을 해야 할지 모를 때, 어느 길로 가야 할지 모를 때 진정한 여행이 시작되는 것이다. 우리 앞에는 써야 할 가장 아름다운 시, 불러야 할 가장 아름다운 노래, 항해해야 할 가장 넓은 바다, 아직 추지 않은 불멸의 춤이 있다. 이것들은 아직 겪지 못한 미래에 일어날 테다.

　새해 첫날은 지나간 날의 낡음과 묵음을 갈아 엎을 새로운 동력을 제 안에 감추고 있다. 낡은 것을 무찌르는 쇄신, 탈바꿈, 재탄생……. 그게 바로 기적이 아닐까? 이 기적은 새해를 맞는 자들의 몫이다. 새해, 새날, 입학, 입사, 결혼, 아기의 탄생, 새집 마련, 신장개업, 첫 책의 출간, 새 반려고양이……. 이것이 기적이 아니라면 무엇일까? 우리가 죽지 않는다면 기적은 날마다 일어난다.

　오늘 죽을 것처럼 힘들더라도 내일은 돌아오고 새로운 해가 뜬다. 오늘의 역경에 겁먹지 말고, 움츠리지 말자. 가슴을 활짝 펴고 새날을 맞자. 쇠붙이가 불에 달궈지며 강하게 연마되듯 사람은 역경에 단련되어 도약할 수 있다. 역경을 견딘 자만이 단단한 내면을 가지고, 더 늠름해진다. 해마다 한 겹씩 생기는 나무의 나이테도 여름것은 무르고 추위라는 수난을 견딘 겨울것은 단단하다. 겨울 나이테가 그렇듯이 역경과 시련은 하늘이 준 자기 단련의 기회다. 새해 첫날은 누구에게나 선물 같은 하루다.

마치 생애의 첫날인 듯 생기 넘치는 눈동자로 누리를 바라보자. 우리에겐 행복을 거머쥘 권리가 있다. 온수로 샤워하면서 콧노래라도 부르자. 모란과 작약이 꽃피는 걸 보고 기뻐하자. 사랑이 지나갔다면 새로 다가오는 사랑을 기다리자. 책을 가까이하며 읽자. 오솔길을 걸으며 어지러운 마음을 다독이자. 연락이 끊긴 친구에게 마음이 담긴 편지라도 써보자.

새해 첫날 첫 결심은 이름 없는 소박함을 구하며 사는 것이다. 고작해야 분별의 필요로 지어진 것이 이름이 아닌가! 깃털같이 가벼운 것이 이름이지만 한 번 이름으로 세워진 것은 쉬이 지워지지 않는다. 그 이름으로 호명됨으로써 모호함 속에 있던 '나'라는 존재자의 실체가 드러난다. 이름으로 불리는 것은 어둠에서 밝음으로 나서는 것과 같다. 이름은 자유이자 속박이다. 누구에게나 이름은 평생 따라다닐 푯대요, 인격의 기호가 된다. 따라서 이름 없음에 처하는 것은 이름이 짓는 속박에서 벗어나 자유롭게 노닒을 함축한다.

노자는 말한다. "도는 늘 하는 일이 없는 듯 보이지만 하지 못함이 없다 道常無為, 而無不為." 욕심이 실행의 매개

라면 무위의 바탕은 욕심 없음이다. 욕심 없음은 매사 이름 없는 소박함에 처하는 것이다. 소박함은 꾸밈이 없는 상태를 이른다. 그것은 베옷을 입고 옥은 드러나지 않게 품는 태도다. 아울러 하늘과 땅을 거스르지 않는 행위이자 처신이다. 소박하려면 탐욕에서 벗어나야 한다. 탐욕이란 만족함을 모르는 욕망이다. 다시 말해 부자가 되고 싶은 갈망에 짓눌리는 것이다. 탐욕에 빠진 자는 더 적음이 더 많음이라는 진리를 깨치지 못한다. 그러한 자는 아무리 많이 먹어도 배고프고, 아무리 많이 가져도 가난할 테다.

이름이 본질을 가리는 경우도 생기지만 이름 없는 소박함은 굳이 본질을 가리지 않는다. 소박함은 애써 구해야만 얻을 수 있는 지혜의 열매다. 제 안에 도가 없다면 소박함에 이르는 것은 불가능하다. 오로지 도를 구하고 도를 따르는 자만이 소박함에 처할 수 있다.

도는 하늘과 땅과 사람에게 두루 작용한다. "그러므로 도는 크고, 하늘도 크고, 땅도 크고, 왕 역시 크다故道大, 天大, 地大, 王亦大." (《도덕경》 25장) 도에서 멀어지면 소박함에서도 멀어진다. 소박함에서 멀어지면 욕심이 커져 그

주체를 집어삼킨다. 욕심이 커지면 다툼이 잦아지고 세상이 요동친다. 반면 만물이 기꺼이 소박함에 처한다면 세상은 고요해질 테다.

따라서 고요에 처하고자 한다면 욕심을 놓아야 한다. 욕심은 재앙의 시작이다. 소박함에 처하려는 사람은 먼저 제 안의 욕심을 비워내야 한다. 사람들은 먹고 마시며 위를 채우는 것, 그렇게 욕망을 채우면 삶이 번성할 것이라고 기대하지만 그것은 삶이 아니라 삶을 속박하는 굴레다. 음식을 몸에 들이지 않는 행위는 욕망을 거스르는 일이다. 이것은 의지와 결단에서 나온다. 의지가 무르다면 제 안에서 솟구치는 욕망을 거스를 수 없다. 오히려 욕망이 그 존재를 덮쳐 속박하고 말 테다. 나란 존재는 욕망을 넘어선 삶을 완성하는 의지와 열정의 총합이다. 무위와 욕망은 존재를 떠받치는 두 개의 축이다. 비우고 고요함에 처하는 것이 무위라면 욕망은 무언가를 갈망하고 제 존재를 투신하는 일이다. 사람들은 무언가를 욕망하고 그걸 거머쥐려고 애쓰는 일을 당연하다고 말하지만 노자는 무위를 구하고 소박함에 처하라고 권면한다. "욕망이 없고 고요하면 천하가 저절로 바르게 된다不欲以靜, 天下將自." 그러므로 욕심을 비우고[虛] 고요에 처하는 것[靜]이 지혜로운 것이다.

물처럼
살라

상선약수 上善若水

최고의 선은 물과 같다. 물은 만물을 이롭게 하나 다투지 않고, 사람들이 싫어하는 곳에 거처하므로 물은 도에 가깝다. 물은 낮은 땅에 머물기 좋아하고, 마음은 깊은 연못처럼 고요하며, 어울려 살아감은 어진 듯하고, 말은 참됨으로 믿음직하다. 다스림은 잘해야 하고, 일은 능숙하게 해야 하며, 움직임은 때를 알아야 한다. 누구와도 다투지 않으니 허물이 없다.

_《도덕경》 8장

옛날에 사람들이 상제上帝 앞에 나아가서 제 꿈을 털어놓았다. 처음에 나선 이는 높은 벼슬자리를 원했다. 상제는 그자에게 정승 판서 자리를 취하도록 했다. 두 번째로 나선 이는 부자가 되기를 원했다. 상제는 그자에게 수만 금金의 재산을 소유하게 했다. 세 번째로 나선 이는 말했다. "글은 이름 석 자 쓸 줄 알고, 재산은 의식을 갖추고 살 만합니다. 다른 소원은 없고 임원林園에서 자족하며 한평생을 마치고 싶습니다." 상제는 이맛살을 잔뜩 찌푸렸다. "이 혼탁한 세상에서 청복을 누리려는 것은 과욕이다. 함부로 그런 것을 달라고 하지 마라. 다른 소원을 말하도록 하라." 높은 벼슬자리나 많은 재산을 구하는 일보다 전원에서 소박한 삶을 구하는 일이야말로 정말로 어렵고 힘들다.

  나이 마흔에 서울을 떠났다. 새천년이 시작하던 해에 한 호숫가에 작은 집을 짓고, 열다섯 해나 물을 내려다보며 살림을 꾸렸다. 옛사람같이 안빈낙도의 아름다운 삶을 꿈꾸었다. "전원에 살면서 정원이나 남새밭을 담장으로 에워싸고자 한다면, 그 물력物力을 마련하기가 쉽지 않을뿐더러, 장맛비를 한번 거치면 동쪽이 기울고 서쪽이 무너져, 기울고 무너진 곳을 보수해야 한다. 그런 일을 통해서 담장을 유지하는 일이 매우 어렵다는 사실을 뼈저리게 깨닫는다. 따라서 집의 북쪽에는 정원을 만들어서 과실수를 심고, 집의 좌우에는 남새밭을 만들어 채소를 심는다."[11] 시골에서 정원을 가꾸고 유실수를 가꾸며 사는 것은 얼마나 낭만적인가! 하지만 그건 시골살이를 해본 적 없는 자들의 망상이기 십상이다. 시골에 내려온 지 한 해 만에 작은 남새밭에 씨를 뿌리고 가꾸는 일조차 만만치 않음을 깨달았다. 아침부터 저녁까지 날마다 얼마나 많은 일들이 기다리고 있는지!

인생의 힘든 고비에 강가에서 흐르는 물을 바라보다 돌아온다. 웬일인지 그게 위안이 되었던 거다. 물이 흐르듯 자연스럽게 살고 싶었다! 물의 고요에 감응하여 마음의 고요가 깨어 일어나는 것을 보았다. 계절이 바뀔 때는 물안개가 마당까지 올라왔고, 바람이 세면 물이랑이 종일 일렁이는 것을 바라보았다. 물의 은덕을 가슴에 새기고 물이 베푸는 청복을 누리는 나날은 보람이 있었다. 산림이 깊고 속세와 떨어진 곳에 집을 짓고 뜰에 매화를 심고 남새밭을 일구고 채소를 심어 먹으며 은거하던 옛 선비를 흠모하며 그 흉내를 내고 싶었던 까닭이다. 나는 강가에 버드나무 다섯 그루를 심고 산다고 하여 오류선생五柳先生이란 별칭으로 불린 도연명의 고결한 삶의 한 조각만이라도 흉내를 내고 싶었다.

노자도, 맹자도, 공자도 다 물을 좋아했다. 이들은 물을 즐겨 관조하고, 항상 물의 덕을 예찬했다. 왜 동양의 현자들은 물을 좋아했을까? 물이 생명의 원천인 까닭이다. 물은 땅에서 솟아나 마르지 않게 흐르며 온갖 초목을 키운다. 물은 뭇 생명들에게 필요한 것을 아낌

없이 베풀고 땅을 비옥하게 만들지만 제 덕을 주장하지 않는다. 동양의 현자들은 물이 무위에 처하는 것에 감탄하고, 물의 생리에서 도가 일어나는 것을 보았다.

생명의 원천인 물이 사람에게 이로운 것은 100가지이지만 해로운 것은 꼽을 만한 게 없다. 공자와 노자는 물이라는 자연 현상을 살펴 그것이 움직이는 생리를 밝히고 물과 도가 하나라는 사실을 밝혀 드러낸다. 공자는 물에서 사람이 마땅히 따라야 할 도덕적 특질을 조목조목 짚어냈다. 노자는 물에 관한 명언을 남겼다. "최고의 선은 물과 같다." 이는 제 유약함 속에 강함을 감추고, 인위에서 벗어나 항시 무위에 처하는 물에 대한 상찬이다. 상선上善은 곧 상덕上德이니, 물은 힘을 다해 섬기고, 때를 가려 움직인다. 물은 만물을 이롭게 하되 그 공을 취하지 않는다. 물같이 산다는 것은 이렇듯 물이 품은 늠름한 덕성을 받아들여 체화하는 것이다.

노자는 항상 낮은 곳에 처한 채로 생명을 모두 품는 물에서 도의 양태를 보았다. 공자는 물의 유순함과 한결같음에서 덕을 보았다. 동양의 철학자들이 물을 예찬하는 것은 그것이 생명의 속성을 품고 있는 까닭이다. 물은 밤낮없이 흐르는데, 그 흐름에는 끝이 없다. 나는 물의 덕을 흠모하며 물 가까이에 사는 것을 좋아한다. "물은 만물을 이롭게 하나 다투지 않고, 사람들이 싫어하는 곳에 거처하므로 물은 도에 가깝다水善利萬物而不,處衆人之所惡,故幾於道." 물은 만물이 생장하도록 돕고, 그 원대한 사업을 이루고도 뽐내지 않는다. 물은 만물을 낳고 기른다는 점에서 우두머리가 되지만 만물을 누르고 주재하지도 않는다. 물은 공을 세우고도 만물에 그 공훈을 내세우지 않고, 다만 낮은 곳으로 흐른다. 물은 이익을 다투지 않으며, 스스로 자정하고 맑아진다. 이렇듯 물의 성질은 현묘한 덕과 완벽하게 조화를 이룬다. 물가에 살면서 이러한 물의 도와 덕을 날마다 곱씹는 것보다 더 좋은 게 어디 있을까?

자공子貢이 동쪽으로 흘러가는 강물을 바라보고 있는 공자에게 물었다. "큰 강물을 바라볼 때마다 항상 관조하는데 그 이유가 무엇입니까?" 공자가 대답했다. "모든 곳으로 퍼져 나가고 모든 것에 생명을 주면서 아무것도 하지 않는 물은 덕德과 같다. 아래로 흐르면서 꾸불꾸불 돌지만 항상 같은 원리를 따르는 물의 흐름은 의義와 같다. 솟아올라 결코 마르지 않고 흐르는 것은 도道와 같다. 수로가 있어 물을 인도하는 곳에서 듣는 그 물소리는 반향을 하는 울음소리 같고, 백 길의 계곡을 두려움 없이 나아가는 것은 마치 용勇과 같다. 수평을 재는 자로 사용할 때의 물은 마치 법法과 같다. 가득해서 덮개가 필요 없을 때의 물은 마치 정正과 같다. 물은 유순하고 탐색적이어서 가장 작은 틈으로도 들어가는데, 이때의 물은 마치 찰察과 같다. 물을 거치거나 물에 들어가 선명해지고 정화되는 것은 마치 선하게 되는[善化] 것 같다. 만 번이나 꺾여 흐르지만 항상 동쪽으로 흘러가는 것은 마치 지志와 같다. 이것이 군자가 큰 강물을 바라볼 때 항상 관조하는 이유이다."[12]

공자나 노자를 알기 전부터 물에 이끌렸다. 그 이끌림은 본능에 가까웠다. 물은 약하지만 강하고, 부드럽지만 단단한 것을 이긴다. 만물과 초목은 생겨날 때 약하고 부드럽지만 죽을 때는 강하고 단단해서 부러지고 꺾여 생을 마친다. 약하고 부드러운 것은 생명의 속성이고, 강하고 단단한 것은 죽음의 속성이다. 노자는 도의 몸통은 없음無이고, 그 바탕은 비어 있음虛이며, 그 작용은 부드러움弱이라고 말한다. 물의 존재 형태는 고요함靜이다. 노자는 물의 속성에서 사람이 취하고 따라야 할 가장 어여쁜 존재 방식을 보았다. 물의 성질은 '다투지 않음'과 '낮은 곳에 처함'인데, 이것이 사람이 배워야 할 물의 덕이고 선량함이다. 이는 자기 이익을 위해 남과 다투지 않음이고, 남보다 자기를 먼저 낮추는 겸손이다.

크게 곧은 것은
구부러진 듯하다

대직약굴大直若屈

크게 이루어진 것은 모자란 듯하고 그 쓰임에는 나쁘지 않다. 가득 채워지면 빈 것 같으나 그 쓰임에는 다함이 없다. 크게 곧은 것은 구부러진 것 같고, 솜씨를 많이 부리면 서투른 것 같으며, 말이 많아지면 말을 더듬는 것같이 보인다. 바삐 움직이면 추위를 이기고, 고요한 것은 더위를 이긴다. 맑고 고요하면 천하가 바르게 된다.

_《도덕경》 45장

금광호수 주변에는 수령 500년이 넘는 느티나무 몇 주가 마을 수호신처럼 버티고 서 있다. 봄마다 연둣빛 잎을 틔워내는 아름드리 느티나무들은 풍파를 견디느라 가지들이 이리저리 굽어 있다. 웅장한 위용을 뽐내는 느티나무의 몸통도 굽어 있고, 잔가지들은 하늘을 가릴 듯 빽빽하다. 느티나무의 몸통에는 500개가 넘는 나이테가 숨어 있을 테다.

　구부러진 것으로 치자면 노송보다 더 구부러진 게 없다. 노송 중에서도 수령이 많은 것일수록 몸통 몇 아름을 넘고 우듬지는 까마득한 높이에 있다. 붉은 껍질은 용의 비늘 같고 몸통은 구불구불해서 용이 하늘로 오르려고 몸통을 뒤트는 것 같다. 옛 선비가 지은 책은 노송에 대해 이렇게 말한다. "우헌遇軒의 〈괴송요怪頌謠〉에서는 '누군가 너를 심은 지 얼마나 되었느냐 / 꾸불꾸불하고 뒤틀린 모습이 푸른 교룡의 자태로다 / 온통 괴이하게 주름진 비늘, 위엄스럽게 난 이빨과 수염인 듯 / 허공을 끌어당길 것처럼 꿈틀거리며 서려 있는 마른 나뭇가지'라고 하였다."[13]

선조들은 나무 중에서도 소나무를 으뜸으로 여겼다. 오랜 풍파를 견디고 살아남은 노송은 삶을 관조하는 현자 같다. 재미있는 사실은 정이품 품계를 받은 소나무도 있고, 어엿하게 토지대장까지 있는 부자 소나무도 있다는 것이다. 어디 그뿐인가? 봄가을로 막걸리를 열두 말씩이나 받아 마시는 술꾼 소나무도 있다.

수령 몇백 년을 넘어선 나무들은 문명의 속도가 가속화되면서 우리가 잃어버린 느림의 시간을 누린다. 나무들은 계절의 순환과 변덕스러운 날씨들을 묵묵히 견디며 느림의 흐름 속에서 의연하다. 견딤, 느림, 의연함이야말로 나무들의 변함없는 고유의 성질일 테다. 숲속의 나무들은 땅속뿌리가 엉킨 채로 공생을 이루는데, 공생은 나무의 덕이다. "무리 지어 있는 나무들 사이에서 한 나무가 어디에서 끝나고 또 다른 나무가 어디에서 시작하는지는 헤아리기 어렵다. 나무들은 모자이크의 조각들처럼 경계를 사이에 두고 맞닿아 있지도 않고 각기 고립된 채 서로 등을 돌리고 있지도 않다. 그보다는 서로의 위아래로, 서로를 파고들며 접히고 어우러져 있다."[14] 나무들의 삶은 길고, 인간의 삶은 짧다. 나무는 한자리를 붙박이로 지키고 서서 길고 장엄한 시간을 살아내지만, 인간은 일생 동안 이러저러한 문제를 끌어안고 분주하게 이동한다. 공생하는 나무들과 달리 인간은 혼자만 돋보이는 번성을 기획하고 실행한다. 현자같이 지혜롭고 오래 사는 나무들에 견주자면 인간들은 얼마나 하찮고 짧은 시간을 살다가 가뭇없이 사라지는가!

문명은 느림을 멸종시키고 그 보상으로 삶의 편리함을 주겠다고 약속하지만, 문명 이전의 방식대로 사는 사람들이 훨씬 더 행복한 삶을 누리는 듯하다. 현대 문명을 사는 인간들은 '단지 생존 이상으로 즐기며' 사는 라다크인들이 누리는 행복에 대해 생각해볼 필요가 있다. 라다크인들은 인도 북부 라다크 지역에 거주하는 민족으로, 혹심한 기후와 자원의 빈약함에도 삶을 충분히 즐긴다. 그들이 가진 것이라곤 삽, 톱, 낫, 망치 같은 기초 도구들, 거기에 베틀과 쟁기와 물레방아뿐이다. 그들은 농사를 짓는 데 기계류를 쓰지 않는다. 야크, 말, 나귀와 같은 짐승들의 도움을 받거나 이웃들과 협동할 뿐이다. 그들은 바빠도 서두르는 법이 없다. 씨를 뿌리고, 가축들을 돌보고, 물레질하고, 동물의 털을 깎아 실을 만들어 옷감을 짠다. 일에 쫓기지 않으며, 천천히 일하면서도 여가를 누린다. 일하는 동안에는 웃음과 노래를 멈추지 않는다. 라다크인들은 대부분 가난하다. 그들은 1년에 단지 넉 달만 일한다. 문명의 혜택도 거의 누리지 못한다. 하지만 그들이 불행하다는 증거는 어디에도 없다.

　우리와 라다크인이 다른 점은 무엇일까? 무엇보다도 느린 속도로 일하되 그 일을 즐기며 한다는 점일 테다. 우리는 라다크인의 삶에서 인류의 이상향을 엿본다. 인류가 제 안에 가득 찬 탐욕을 덜어낼 수만 있다면 라다크인처럼 못 살 것도 없을 테다. 하지만 우리는 효용성과 생산만을 최선만이라고 여기며 살지 않았던가! 그동안 살길인 줄 알았던 직선의 길이 사실은 죽음으로 내모는 길이었던 것이다. 직선이 인위를 더해 만든 길이라면 곡선은 무위자연에서 나온 것일 테다.

노자를 마음공부의 근간으로 삼을 무렵 "크게 이루어진 것은 모자란 듯하고 그 쓰임에는 나쁘지 않다. 가득 채워지면 빈 것 같으나 그 쓰임에는 다함이 없다★成若缺, 其用不弊, 大盈若沖, 其用不窮"라는 구절에 놀랐다. 마치 뒤통수를 망치로 얻어맞은 듯 멍했다. 진짜 곧은 것은 그 곧음을 뽐내지 않고, 오히려 구부러진 듯 처세를 한다. 강한 사람은 제힘을 드러내 자랑하지 않는다. 싸움을 잘하는 사람은 굳이 싸우려 들지 않는다. 아는 사람은 앎을 내세우지 않는다. 이것이 우리가 배우고 따라야 할 덕이며, 현묘하게 그윽이 통하는 자의 처세이고, 무위자연에 따르는 것이다. 무위자연은 스스로 그러함이고, 요동침을 그치고 평정平靜과 평상심으로 돌아감이다.

노자가 구부러진 것을 향한 예찬을 계속하는 까닭은 무엇일까? 노자는 구부러진 것이야말로 곧고, 구부러진 것이야말로 완전한 것이라고 여겼다. 구부러진 것은 지극한 부드러움으로 제 안에 곧음을 품는다. 도는 직선이 아니라 곡선의 작용이다. 직선의 일은 억지로 함이고, 곡선의 일은 스스로 그렇게 하도록 자유롭게 놓아두는 것이다. 도는 곡선의 현덕 속에서 출현한다. 도는 만물을 생장하게 하는데, 그 방식은 소유하지 않음, 주재하지 않음, 억지로 하지 않음에 둠으로써 그렇게 한다.

우주는 직선이 아니라 곡선이고, 채워진 게 아니라 비움의 상태다. 굽으면 온전해진다는 구절은 노자 철학의 핵심을 명료하게 드러낸다. 노자의 사유 체계에서 정$_正$은 반$_反$이라는 아이러니에서 일어나는 사태다. 곧은 것은 굽음을 품음으로써 온전해지고, 진짜 강한 것은 그 안에 유약을 품는다. 정면은 이면을 품음으로써 오롯해진다. 크게 밝으면 어두운 듯하고, 앞으로 나아가는 것은 뒤로 물러서는 듯하고, 높은 것은 낮아지는 듯하다. 온통 흰 것은 때를 탄 것 같고, 넓은 것은 좁은 듯하고, 큰 소리는 정작 귀에 들리지 않는다. 이게 노자가 말하는 덕의 진면목이다. 도와 덕의 근본 작용은 조화에 이르는 것이다.

크게 이루고, 크게 차고, 크게 곧고, 크게 솜씨를 부리고, 잘 말하는 것들은 이미 도에 닿고 덕을 이룬 것들이다. 대성大成, 대영大盈, 대직大直, 대교大巧, 대변大辯은 그 안에 반대 성질인 약결若缺, 약충若沖, 약굴若屈, 약졸若拙, 약눌若訥을 품는다. 상극인 것들은 품음으로써 온전해진다. 그러므로 완전한 것은 결함이 있는 듯하고, 채워진 것은 비어 있는 듯하고, 곧은 것은 굽은 듯하고, 솜씨가 무르익은 것은 서툰 듯하고, 말 잘하는 것은 어눌한 듯하다.

잘 굴러가면
바퀴 자국이 남지 않는다

선행무적善行無迹

잘 굴러가면 바퀴 자국이 남지 않고, 훌륭한 말은 흠이나 흉볼 것이 없다. 셈을 잘하면 산가지 대쪽을 쓸 일이 없다. 잘 닫으면 빗장을 걸지 않았어도 열 수 없다. 잘 묶으면 끈으로 묶지 않았어도 풀 수 없다. 이처럼 성인은 늘 좋은 사람을 구하니 버릴 사람이 없다. 늘 물건을 잘 구하니 버릴 물건이 없다. 이를 밝음을 이어간다 한다. 그러므로 훌륭한 사람은 나쁜 사람의 스승이요, 나쁜 사람은 훌륭한 사람의 거울이다. 그 스승을 귀하게 여기지 않고, 그 거울을 아끼지 않으면 지혜가 있더라도 크게 미혹될 것이니, 이것을 일러 꼭 갖추어야 할 슬기라고 한다.

_《도덕경》 27장

눈구름이 몰려오더니 푸짐하게 눈이 내렸다. 눈이 펑펑 쏟아지니 오려던 봄이 발길을 돌리고 겨울로 회귀한 듯하다. 빗방울이 땅에 떨어질 때 형체가 부서지며 소리를 내지만 눈은 내릴 때 아무 소리도 나지 않는다. 빗방울은 무게를 가져 소리를 내지만 눈은 가벼운 탓에 묵음이다.

눈이 바람을 타고 공중에서 흩날린다. 눈이 내릴 때 나는 소리는 실은 눈을 휘몰고 하강하는 바람 소리다. 폭설이 내리는 먼 마을에서 간간이 개 짖는 소리, 사람들이 두런대는 소리, 쌓인 눈의 하중을 견디지 못하고 찢어지는 나뭇가지 소리 따위가 들려온다. 눈이 멎고 해가 나자 쌓인 눈들은 금세 녹는다. 처마 끝에서는 지붕에 쌓인 눈이 녹아 연신 물방울이 떨어진다.

봄은 기다림보다 늦게 온다. 응달엔 잔설이 있고, 바람은 찬 기운을 머금었다. 해는 늦게 떴다가 빨리 진다. 잎눈과 꽃눈은 아직 청맹과니에 귀머거리다. 추위는 헐벗은 나무들 사이에서 엄연한데, 그 엄연한 것을 가로질러 봄이 온다는 소문이 번진다. 우리 귀와 살갗에 소문들이 비벼질 무렵 동백, 매화, 산수유, 유채꽃이 먼저 꽃봉오리를 연다. 훈풍에 코를 킁킁대면 미나리 향이 퍼질 듯하다.

폭설은 곧 다가올 입춘대길立春大吉과 건양다경建陽多慶을 알리는 조짐이던가. 앞산은 잔설로 하얗고, 빈 나뭇가지마다 설화가 눈부시다. 천지가 눈에 덮여 고요하고 일목요연한 질서 속에 있는 듯하다. 묵은 감자와 양파에서는 싹이 돋고, 지하철과 기차들은 제 시각에 정류장에 섰다가 떠나고, 가락동 농수산물 시장은 새벽에 붐빈다. 증권 시장은 제 시각에 어김없이 개장한다. 어디선가 첫사랑이 깨어지고, 누군가의 비밀은 하루를 버티지 못한 채 누설되고 만다.

눈이 내렸다고 봄의 걸음이 늦춰지는 법은 없다. 지금은 저 먼 데서 봄이 다가올 때다! 땅속 구근들이 싹을 틔우고, 훈풍은 꽃망울들을 터뜨릴 때다. 잔설 아래 복수초는 노랗게 피고 노루귀는 파랗게 귀를 연다. 한반도 서남 지방 동백은 사자처럼 공중으로 솟구쳐 올라 가지마다 붉은 꽃을 피웠다는 소식이다.

입춘을 앞두고 휘몰아친 눈 폭탄도 남도 동백의 붉은 꽃 소식을 막을 수는 없다. 추위가 모질어도 선홍빛 뺨으로 피는 향일암 애기동백을 이길 수는 없다. 동백은 제 안의 붉음을 한사코 밖으로 밀어내 시리도록 붉은 꽃송이에 모은다. 동백은 붉은 꽃잎을 겹겹이 싸고 그 절정에서 모가지째 떨어져 나뒹군다. 동백은 이마도 붉고 발바닥도 온통 붉은데, 그 붉음 속에 한 번 핀 것은 한 번 지기 마련이라는 식물적 진리는 엄연하다.

고요한 나무 위로 백수百獸의 왕이 네 발을 펼치고 붉은 갈기를 날리며 솟구치는데, 세계를 향한 격발의 비장함에 젖은 우리에게 송찬호 시인은 꽃 핀 앉은뱅이 동백이 실은 허공으로 솟구치는 맹수였음을 일러준다. 이 단심丹心은 곧 사랑하는 이를 향한 내 안의 수심獸心이다. 식물적인 것이 동물적인 것으로 반전하는 이 찰나라니! 바람은 저 동백꽃을 베어 물고 땅으로 뛰어내린다.

    우리가 참되다고 믿는 것들은 다 감각을 통해 받아들이지만 우리 감각이 항상 참인 것만은 아니다. 감각은 가끔 우리를 속인다. 우리가 물렁물렁해진 땅을 딛고 서 있을 때 발바닥에 전달되는 느낌, 봄꽃에서 퍼져나오는 방향들, 겨우내 쌓인 눈과 얼음이 녹아 흐르는 차가운 물, 피부를 간질이듯 불어오는 훈풍, 온갖 새들의 지저귐, 잔물결에 일렁이는 빛의 조각들, 시드니행 여객기 안에서 기내식을 받아 열었을 때 후각을 자극하던 음식 냄새……. 이것들이 다 참이라고 인증하는 것은 바로 우리의 감각 기관이다.

    우리의 인생은 보고, 듣고, 감촉하고, 냄새 맡는 감각 기관들로 인해 더 풍요로워진다. 감각이 없다면 삶은 한결 더 빈곤해질 테다. 그럼에도 철학자들은 오감을 의심하고, 현실을 의심한다. 철학자란 의심에서부터 사유를 시작하는 사람들이다. 이 손과 이 몸이 내 것이라고 의심할 수 없다면 봄이 돌아온다는 사실도 어찌 의심할 수 있을까.

　폭설이 녹은 뒤로 햇살은 따스하고 바람은 훈풍이다. 폭설은 아득히 먼 곳에서 일어났던 일 같다. 새벽마다 금광호수가 피워올린 물안개가 집 안팎을 감싼다. 매화는 일러 피지 않았다. 매화가 피려면 일주일은 더 기다려야 할 테다. 수련을 심은 연못 물속에서 수초들이 파랗게 돋는다.

　어제는 다용도실을 치우다가 묵은 감자에 싹이 파랗게 돋아 있는 걸 보았다. 뿔처럼 싹이 돋은 감자들은 독이 올라 먹지 못할 것들이니 내다 버렸다. 오늘은 새 책의 원고 교정을 마무리해서 우체국에 나가 부치고 돌아왔다. 책이 나오기를 기다리며 집 안팎에 쌓인 일들을 부지런히 처리해야 한다.

　바쁘더라도 들길 산책을 쉴 수는 없다. 아지랑이가 피어오르는 들을 가로질러 걷는 건 시골 사는 즐거움 중 하나다. 들길 산책은 노동이 아니라 무위의 일이다. 들길 산책에서 기대하는 것은 없다. 다만 머릿속을 비운 채 하염없이 걸을 뿐. 무심으로 들길을 걷는 일은 일손을 멈추고 자기를 관조하는 일 중 하나다. 들길을 걸을 때 내 안에서 고요가 가만히 눈을 뜬다. 고요의 눈으로 세상을 바라보는 찰나는 세계와 자아가 감응하며 합일에 이르는 순간이다.

사람은 일하는 기계가 아니다. 사람은 노동의 수고에서 벗어나 심심함에 처할 수 있어야 한다. 심심함, 쉼, 멈춤이란 일종의 자기 방기다. 심심함에 처할 줄 모르면 마음은 각박해진다. 쉼도 심심함도 모른 채 그저 내닫기만 하는 것은 맹목의 관성에 굴복하는 일이다. "존재는 활동한다는 것으로 환원되지 않는다. 행동조차 단순한 노동으로 굳어버리지 않으려면, 자체 내에 멈춤의 계기를 품고 있지 않으면 안 된다. 행동의 숨 돌림 속에는 정적이 있다. 행동하는 주체는 동작을 멈추면서, 그 머뭇거림의 순간에 행동의 결단 앞에 펼쳐져 있는 측량할 수 없이 넓은 공간을 지각한다. 하나의 행동이 가지고 있는 우연한 가능성 전체가 잠시 머뭇거리며 물러서는 순간에 비로소 모습을 드러내는 것이다. 행동을 향한 결연한 의지는 머뭇거릴 줄 모르는 한 맹목적이다."[15] 휴식과 멈춤을 모른다면 한낱 노동-기계에 지나지 않을 테다. 노동은 삶에 유용한 의미와 보람을 일구는 숭고한 행위지만 이게 맹목으로 전락하면 서글픈 일이다. 멈추고 머뭇거리며 고요에 귀 기울이는 순간을 향유할 줄 알아야 한다. 그래야만 자기를 둘러싸고 있는 넓은 세계 공간이 보이고, 삶의 한계와 가능성을 가늠해볼 수 있게 된다.

들길은 항상 호젓한데, 나는 몸을 휘감는 바람과 공중에 짧은 호곡號哭처럼 울음을 뿌리고, 새들과 옅은 색의 구름과 함께 걷는다. 흙은 딱딱하지 않고 무르다. 그 감촉이 발바닥을 통해 머리까지 올라온다. 무른 땅을 밟을 때 들길이 내게 주는 것은 사색과 무위, 그리고 몸의 부드러운 이완이다.

간밤에는 여러 꿈을 꾸었다. 내 품을 떠나 먼 곳에서 제 삶을 일궈가는 아들이 꿈에서 어린애로 나타났다. 어린애로 노니는 아들을 꿈에서 보고 깨어나니, 아들과 충분히 같이 보내지 못한 회한에 가슴이 먹먹해진다. 들길을 걷는 동안 마음 안쪽에 있는 서글픔과 회한은 곧 사라진다. 논둑에는 벌써 쑥 같은 게 파랗게 싹을 내밀고 있다. 들녘 끝에는 누가 살든가. 들녘 끝에 사는 자가 맞는 저녁은 고요하던가.

　입춘 아침에 이토록 심장이 뛰고 가슴이 설레는 것은 봄이 한 걸음 더 가까이 다가오기 때문이다. 봄은 산천에 전면적으로 저를 펼쳐내고 기정사실로 만든다. 우리가 의심을 하는 순간에도 봄은 향기를 퍼뜨리고 미친 불길로 번진다. 우리의 숨결마저 품어내는 봄과 우리는 한 몸뚱이다. 사람은 고행이고 슬픔이며 고독의 성분을 가진 존재다. 봄은 우리를 위해 지극정성으로 꽃을 피워낸다. 꽃들은 빛과 향으로 공중에 길을 내는데, 봄이 안으로 스미면 마음은 바깥으로 밀려난다. 봄은 시와 꽃과 춘정의 펼침이고 넘침이며, 그 모든 것들의 걷잡을 수 없는 사태다. 봄은 차라리 세상에 범람하는 격류다.

　어렸을 때는 방앗간에 소가 끄는 수레들이 있었다. 쌀가마니 따위를 실어 나르는 수레가 지나면 무른 땅이 푹 패 물웅덩이가 생겼다. 노자는 잘 굴러가면 바퀴 자국이 남지 않는다고 말한다. 그것은 함이 없음, 즉 함이 없지만 이루어지지 않음도 없다는 뜻이다. 이는 무위의 형상을 말하는 것이 아닐까? 분명 저를 낮춰 행동에 조심하고 처신이 정결한 사람만이 그렇게 할 것이다.

제 욕심을 덜어내고 덜어내어 맑음 속에 있는 사람은 질박하다. 질박해야만 통나무처럼 돈후하고 계곡처럼 비어 있는 사람이 될 수 있다. 노자는 말한다. "무위를 하고, 무사를 일삼고, 아무 맛도 없는 것을 맛있게 여긴다爲無爲, 事無事, 味無味."(《도덕경》 63장) 아무것도 하지 않고無爲, 일을 만들지 않는無事 사람을 일러서 백수라고 한다. 설마 노자가 우리에게 백수가 되라고 격려하는 것은 아닐 테다. 무위는 억지로 꾸며 하지 않고 자신을 그러함 속에 내맡기는 원숙한 삶의 태도다. 무위를 실행하기는 어려운 일이다. 그러므로 지나간 자리에 수레바퀴 자국을 남기지 않듯이 잘 다니는 이가 되어야 할 테다.

약한 것이
강한 것을 이긴다

유지승강柔之勝剛

천하에 물만큼 부드럽고 약한 것은 없다. 그러나 단단하고 굳센 것으로 힘써도 이길 수가 없다. 이것을 대신할 만한 것이 없다. 약한 것이 굳센 것을 이기고, 부드러운 것이 단단한 것을 이김을 천하가 다 알고 있으나 따라 하지 않는다. 이로써 성인이 말하기를, 나라의 부끄러움을 받아들임은 이를 일러 나라를 위하는 신을 섬기는 주인이기 때문이요, 나라의 복되지 못한 것을 받아들이는 것은 이를 일러 천하의 임금이기 때문이라 한다. 올바른 말이거늘 옳지 않은 것 같다.

_《도덕경》 78장

 금광호수로 흘러드는 하천에서 산개구리들이 운다. 산개구리들의 울음소리는 봄의 서곡이다. 시골에 처음 왔을 때 산개구리 소리를 듣고는 밤새가 청승맞게 우는 소리로 잘못 알았다. 산나물에 현미밥을 반 공기 먹은 뒤 서재에 호젓하게 앉아 책을 읽는 동안 호르르 호르르 울어대는 산개구리 소리에 귀를 기울였다. 짝짓기를 위해 저토록 맹렬하게 울겠지만, 산개구리 울음소리는 마치 자신이 살아 있음을 알리는 신호 같다.

 어쩌다가 이 찰나, 나는 시골에서 산개구리 울음소

리를 듣고 있는가. 시골구석에 섬처럼 고립되어 산개구리 소리에나 귀 기울이는 이 찰나는 영원의 흐름에 녹아 들어간다. 유한한 생명의 존재는 영원을 경험할 수 없고, 그것을 객관화할 능력도 없다. 우주에서 티끌보다 못한 존재로서 우리가 할 수 있는 건 영원에 귀를 기울이며 그 소리를 듣는 행위를 취할 뿐이다. 지금 여기의 시간과 다른 낯선 느낌으로 영원의 흐름을 어렴풋하게나마 더듬어보는 것이다.

봄이 오면 산골 움집 처마에 매달린 투명 고드름들이 녹는다. 폭설 뒤에 먹이를 찾아 마을까지 내려오던 산짐승들도 산으로 돌아간다. 바람은 미나리 향내를 퍼뜨리고, 계곡은 눈 녹아 흐르는 물소리로 청량하다. 산약초 뿌리를 먹고 푸르디푸른 몸이 뜨거워져 맨발로 다니는 볼 붉은 산골 아이들은 겨우내 키가 한 뼘이나 자라났다.

매화의 꽃눈들이 도톰해질 무렵, 울타리 아래 작약의 촉들이 땅 거죽을 뚫고 뿔처럼 돋는다. 봄을 먼저 알리는 것은 동백, 매화, 산수유 따위들이다. 봄날의 대지에서 융융한 흐름으로 밀려오고 밀려가는 봄꽃들! 봄꽃은 소태같이 쓰디쓴 날들을 살아내는 마음에 위안이 되고 기쁨의 불꽃을 일으킨다. 시인 서정주는 만개한 꽃들을 보며 "조카딸년들이나 그 조카딸년들의 친구들의 웃음판"(《상리과원》) 같다고 노래한다. 저 "타고난 기쁨을 찬란히 터뜨리는 몸뚱아리들"이라니! 모름지기 살아 있는 것은 저래야 한다. 저 기쁨에 동참하지 않을 도리는 없다.

햇볕이 도타워지면서 저 남녘에서 연신 꽃 소식이 올라온다. 해남 미황사의 동백, 섬진강 변의 매화, 구례의 산수유가 북상한다. 꽃 무리가 개화하면서 북상하는 속도는 시속 1.06킬로미터다. 꽃 무리는 쉬지 않고 그 속도로 남쪽에서 북쪽으로 올라온다. 노루귀, 현호색, 양지꽃, 뿔냉이, 큰개불알꽃, 제비꽃 같은 풀꽃들도 땅에서 피어난다. 그것들은 작아서 자세히 들여다보지 않으면 있는지조차 모른다. 땅에서 소슬하게 피어나는 작은 풀꽃은 무릎을 꿇고 자세히 보아야 비로소 보인다.

이 봄에는 들길과 산길 여기저기를 하염없이 해찰하면서 심호흡을 하고 산소를 들이마시자. 뇌의 복잡한 회로들이 공중에 흩뿌리는 봄꽃의 빛과 향기에 취하도록 걸어보자. 땅을 디딜 때 발바닥에서 허벅지, 뼈와 근육들을 거쳐 올라오는 대지의 기를 빨아들이자. 심장 박동이 빨라지고, 혈관의 핏속으로 낙관주의와 기쁨들이 섞이고 번지는 게 느껴지지 않는가? 봄은 저기 와 있다. 잊지 말라, 봄의 대지와 바람을! 해마다 겪는 즐거움이지만 봄의 찬란함은 기적이다.

금광호숫가에는 버드나무 군락이 자리 잡고 있다. 호수의 물은 늘 푸르게 일렁이는데, 나는 의자를 마당에 내놓고 이 물을 하염없이 바라보는 것을 좋아한다. 물이 햇빛을 받아 수만의 물비늘을 반짝일 때 근심은 덜어지고 식은 기쁨은 다시 데워진다.

물은 계절에 따라 천변만화한다. 버드나무 가지에 연두색 물이 오를 봄 무렵의 물은 고요하다. 여름 녹음이 우거지면 물빛은 푸르지만 물의 기세는 사나워지기도 한다. 장맛 때 호수는 일렁이며 귀 기울여 들으면 거친 신음을 낸다. 단풍이 드는 가을 무렵의 물은 다시 고즈넉해진다. 삭풍이 부는 겨울 초입의 물은 차가운 기운을 품고 결빙하며 쩡쩡 하는 소리를 낸다.

약하기로 치자면 물보다 더 약한 것은 없다. 도 역

시도 강건하지 않고 약하지만, 단단하고 굳센 것들을 이긴다. "천하에 물만큼 부드럽고 약한 것은 없다. 그러나 단단하고 굳센 것으로 힘써도 이길 수가 없다. 이것을 대신할 만한 것이 없다天下莫柔, 弱於水, 而攻堅强者, 莫之能勝, 以有無以易之." 이 구절만큼은 외우고 마음에 새기며 살고 싶다. 노자는 어린아이의 덕을 높이 산다. 어린아이는 살이 보드랍고 기운은 유약하다. 어린아이는 마치 물과 같이 유약한 까닭에 조화의 극치에 머문다. 약해 보이는 것은 강하고, 강해 보이는 것은 약한 법이다. 단단하기로 치자면 바위는 물과 견줄 수 없는 물질이다. 하지만 물은 바위를 깎아낸다. "위험에 뛰어드는 것에 용감하면 죽고 위험에 뛰어들지 않는 것에 용감하면 산다勇於敢則殺, 勇於不敢則活."《도덕경》73장) 물은 도와 같다. 굳센 바위가 물을 이길 수 없는 이유는 그것이 위험에 뛰어드는 데 용감한 까닭이다. 반면 물의 강함은 위험에 뛰어들지 않음에 있다. 자신의 굳셈을 믿고 앞에 나서면 죽고, 스스로의 약함을 알고 겸손하게 머무르면 산다.

　진짜 강함은 약하고 부드러움을 지킬 줄 아는 데 있다. 그러니 억지로 강건해지려는 것은 꺾이기 쉽다.

강해지려고도, 이기려고도 하지 마라. 강건한 것은 꺾이고, 애써 이기려 들면 지는 법이다. 재화를 욕심껏 움켜쥐면 기어코 흩어지고, 쇠를 두드려 날카롭게 벼리면 오래 보존하기 어렵다. 그런 까닭에 천하에 물같이 약하고 부드러운 덕성을 이길 것은 어디에도 찾아볼 수가 없다.

도는 자연을 따른다

도법자연 道法自然

있음의 세계에서 물질로 존재하는 것들은 혼돈에서 나온 것인데, 이는 하늘이나 땅보다 먼저 있었다. 적막하고 고요하다! 홀로 존재하며 바뀌지 않고, 두루 움직이며 그치지 않으니, 감히 하늘과 땅의 어미라 할 수 있다. 나는 그 이름을 알지 못해 도라 부르며, 굳이 이름을 붙여본다면 위대함이라 한다. 큰 것은 나아가고, 나아가면 멀어지고, 멀어지면 되돌아온다. 그러므로 도는 크고, 하늘도 크고, 땅도 크고, 왕 역시 크다. 나라에 네 가지 큰 것이 있는데, 왕도 여기에 포함되는 것이다. 사람은 땅을 본받고, 땅은 하늘을 본받고, 하늘은 도를 본받고, 도는 자연을 본받는다.

_《**도덕경**》 25장

북쪽 한대 지역에서 내려오던 대륙성 고기압이 밀려나고 훈풍을 몰아오는 이동성 고기압과 기압골이 한반도를 주기적으로 지날 무렵엔 양의 기운이 차오르는 것이 온몸으로 느껴진다. 동백, 매화, 산수유 같은 꽃나무들은 양지바른 곳에 있는 것부터 차례로 꽃눈을 연다. 땅에 무릇 꽃들이 만개할 때 밤하늘의 별자리도 달라진다.

　음의 기운이 물러나고 양의 기운이 대지를 채운다. 태양이 황경 345도에 위치하는 이맘때 돌아오는 것은 한 해의 절기 중 세 번째에 있는 경칩이다. 동면에 들었던 동물들이 잠에서 깨고, 양서류들도 깨어나 꿈틀거리며 땅 속에서 나온다. 활엽의 나무들은 수관으로 물을 올리면서 생육 활동에 시동을 건다. 겨우내 웅크렸던 농부들이 땅을 갈고 씨를 뿌릴 채비를 한다.

옛 어른들은 경칩에 흙일하면 탈이 없다고 했다. 남정네들은 흙벽을 바르거나 담을 쌓고, 아낙들은 손 없는 날을 받아 장을 담근다. 농경시대의 옛 노동요에도 경칩 무렵 밭 가는 소의 모습을 예사로 드러낸다. 이맘때 흙을 갈아엎으며 부르는 노래를 '구구경우九九耕牛'라고 한다. 《성종실록》에도 우수에는 삼밭을 갈고, 경칩에는 농기구를 정비하며, 춘분에는 올벼를 심는다고 했다. 초목과 동물들도 아연 활기를 띤다.

봄이 오자 새들이 늘고 지저귀는 소리도 높아졌다. 아침마다 생령이 충만한 봄이 오고 있다는 게 부쩍 실감이 난다. 겨울의 혹한이 없다면 해마다 오는 봄이 이토록 눈부시게 찬란할 수 있을까?

인생에도 경칩같이 꽃 피기에는 아직 이른 차고 시린 시절이 있을 테다. 젊은 날 나는 무명 시절을 오래 겪었다. 하릴없이 빈둥거리며 시립도서관에서 책을 꾸역꾸역 읽던 그 시절엔 정말 한 치 앞도 내다볼 수가 없었다. 단골 서점의 서가에 몸을 기댄 채 황석영의 《객지》, 송영의 《선생과 황태자》, 이제하의 《초식》 따위를 읽으며 작가의 꿈을 키웠다. 가정교사 생활을 하면서 남은 시간을 영화 두 편을 틀어주는 재개봉관에서 보내기도 했다. 누가 니체의 말처럼 "지식이 열린 참나무와 그 풀잎을 먹으며 진리를 위해 영혼의 굶주림을 참겠다는 것인가?"라고 묻는다면 기꺼이 '네!'라고 대답했을 거다.

천지간의 물이 언다고 겨울이 언제까지나 계속되는 것은 아니다. 물이 얼 때가 있으면 녹을 때가 있고, 꽃과 잎이 질 때가 있으면 다시 피어날 때가 있다. 경칩 무렵 보리 싹이 파랗게 올라오고, 고로쇠나무에서 수액을 채취한다. 겨우내 곤곤하던 생명들은 다시 기운을 차리고 소생한다.

서른 후반에 필화사건에 연루되어 억울한 옥살이를 두 달쯤 했을 당시, 사상범으로 무기징역을 받고 독방에서 20여 년을 지낸 사람과 잠깐 이야기를 나눈 적이 있다. 그가 묵는 북서향 독방에는 하루 두 시간쯤 햇빛이 들어오는데, 신문지 한 장을 펼쳐놓은 만큼 환하게 들어오는 빛이 그토록 소중하게 여겨졌다고 말했다. 비록 독방에 갇힌 처지지만 햇볕을 쬐는 동안은 살아 있음이 그렇게 행복할 수 없다고 말했는데, 나는 그의 조곤조곤한 이야기를 귀담아들으며 고개를 끄덕였다.

이즈음 앞산에 오르면 낙엽으로 뒤덮인 표토에서 고사리들이 새순을 밀어 올리는 것을 볼 수 있다. 살면서 배운 지혜에 따르면 혹한 뒤에 맞는 봄은 그만큼 더 찬란하다는 사실이다. 인생도 다를 바 없다. 살다 보면 고난의 시절과 행복한 때가 교차한다. 인생이 여러 고비에서 요동치더라도 겁먹을 필요는 없다. 역경 속에서 단련되고, 수난 속에서 강해지는 게 사람이다. 쇠붙이를 단련하는 것은 잉걸불이다. 불꽃에 단련되지 않고 철을 보검으로 만들 수는 없다. 수난을 대처하는 과정 속에서 우리는 단련되고 더 강해지는 법이다.

도는 말로 다할 수 없을 만큼 그윽하고 미묘하다고 했다. 태초의 우주는 카오스였다. 노자는 말한다. "있음의 세계에서 물질로 존재하는 것들은 혼돈에서 나온 것인데, 이는 하늘이나 땅보다 먼저 있었다_{有物混成, 先天地生}."

천지 만물은 유물혼성에서 스스로 갈라져 나왔다. 도는 혼돈에 섞여서 머무르기 이전에 이미 우주에 작동했다. 도는 소리도 없고 모양도 없다. 도는 보려고 해도 볼 수가 없다. 도가 정말 커서 인간의 눈으로는 미처 인지할 수 없는 까닭이다. 도는 무와 유가 섞이고 유동하면서 생성하는 세계의 움직임 그 자체를 말한다.

먼저 혼돈이 있고, 그 혼돈에서 삼라만상이 생겨난다. 애초에 우주는 카오스 그 자체였다. 무와 유가 나선형으로 꼬인 미분화 상태로 존재하는 이때가 우주의 시원이다. 카오스는 비선형계에 나타나는 불규칙적이고 예측 불가능한 행태를 취한다. 약 138억 년 전에 빅뱅이 일어났고, 우주는 팽창하면서 안정된 질서를 찾아가고 있다. 카오스에는 이미 작용하는 일정한 형태의 질서와 규칙성이 있었던 탓이다.

도는 하늘과 땅을 포괄하는 일체의 움직임을 말하는 것이니, '크다'라고 할 수밖에 없다. 만물은 자라면 가고, 가면 멀어지며, 간 것은 다시 돌아온다. 이것이 도가 운행하는 방식이다. 이 움직임은 우주에서 영원히 순환 운동을 잇는다. 노자는 "큰 것은 나아가고, 나아가면 멀어지며, 멀어지면 되돌아온다大曰逝, 逝曰遠, 遠曰反"라고 말하는데, '큰 것'은 우주의 광대하고 무한함을 가리킨다. '돌아감'이 우주의 운행을 뜻한다면 '되돌아옴'은 그것의 순환을 말하는 것이리라. "사람은 땅을 본받고, 땅은 하늘을 본받고, 하늘은 도를 본받고, 도는 자연을 본받는다." 사람은 하늘과 땅의 도의 영향 속에서 삶을 꾸린다. 도는 자연의 스스로 그러함을 본받는다. 자연은 원으로 순환하며 움직이는 도의 물상적 구현이다. 낮과 밤이 번갈아 이어지고, 계절이 순환하며 이어지는 것은 자연이 운행하는 이치가 그러하기 때문이다.

어떻게 살아야 바르게 사는 걸까? 노자가 제시하는 해법은 도법자연에 함축되어 있다. 도법자연은 곧 무위자연이다. 자연은 억지로 하는 법이 없다. 때가 되면 무르익고, 무르익은 것은 땅으로 떨어져서 스스로 그러함에 처한다. 봄도 가을도 억지로 오는 법이 없다. 기다리지 않아도 절기에 맞춰 봄은 오고, 왔던 봄은 되돌아간다. 자연은 항상 하지 않음無爲으로 함을 일삼는다. 노자에게 배울 진리는 이것이다. 일을 할 때 억지로 도모하지 말고, 자연에 맡기고 그에 따르라는 것이다. 왜 자연에 맡겨야 할까? 그것은 자연에 항상 도가 작동하고 있는 까닭이다.

2장

결국 뿌리로 돌아가니 이는 맑고 고요함이다

만족할 줄 알면 욕됨이 없다

지족불욕知足不辱

명성과 몸 중에서 어느 것이 더 귀한가. 몸과 재물 중에서 더 중요한 것은 무엇인가. 얻음과 잃음 중에서 어느 쪽이 더 큰 관심거리인가. 그러므로 너무 아끼면 반드시 크게 대가를 치르고 많이 쌓아두면 반드시 많이 잃는다. 만족할 줄 알면 욕되지 않고, 그칠 줄 알면 위태롭지 않아 오래갈 수 있다.

_《도덕경》 44장

번민이 일어나 잠 못 이룰 때가 있다. 어떻게 살아야 잘 사는 것일까? 어떻게 살아야 존재의 약동, 살아 있음의 기쁨을 오롯하게 가질 수 있을까? 막막할 때마다 옛 선비 김창흡이 남긴 〈예원십취藝苑十趣〉를 들춰 본다. 김창흡은 조선 후기의 학자이자 문인인데, 벼슬에 나가지 않고 재야에 머물며 문장으로 일가를 이루었다. 학문과 문장이 다 뛰어나 따르는 후학들이 많았다. 그가 평범한 삶에서 취한 열 가지의 즐거움을 이렇게 적는다.

1. 벼랑 위 절에서 한 해가 저무는데 눈보라는 온 산에 섞여 차고, 밤은 찬데 스님은 잠이 들어 혼자 앉아 책을 읽을 때.
2. 봄가을 한가한 날 높은 산에 올라서 멀리 보니, 몸과 마음이 가뿐하여 시상이 솟구쳐 오를 때.
3. 꽃 지는 시절 문을 닫아거니 주렴 밖에선 새가 울고, 술동이를 새로 열자 시구조차 마음에 꼭 맞을 때.
4. 굽이치는 물 위로 술잔을 띄워놓고 어른 젊은이 할 것 없이 한자리에 다 모여서, 술 한 잔에 시 한 수로 어느새 책 한 권을 이루었을 때.
5. 좋은 밤은 맑고도 고요한데 밝은 달이 마루로 들고, 부채를 치며 글을 외우니 소리 기운이 유창할 때.
6. 산천을 두루 돌아 말도 종도 지쳤지만, 안장에 걸터앉아 길 가며 읊은 것이 작품되어 주머니에 가득할 때.

7. 산에 들어가 책을 읽다 목표를 채워 집에 오니, 마음이 충만하고 기운이 철철 넘쳐 붓을 내달림에 신명이 든 듯할 때.

8. 멀리 있던 좋은 벗을 갑작스레 맞닥뜨려, 그간의 공부를 하나하나 물어보고 요새 지은 새 작품을 외워보라 권할 때.

9. 기이한 글과 희한한 책이 벗의 집에 있다는 말을 듣고, 종을 보내 빌려오게 해서 허둥지둥 포장을 끄를 때.

10. 숲과 시내 건너편에 살고 있는 좋은 벗이, 새로 빚은 술이 있다고 알려오며 시를 부쳐 나에게 화답하기를 청할 때.

사람이 돈과 물질을 향한 탐욕에 빠지는 까닭은 물질을 소유하는 것과 제 존재 가치를 등가라고 착각하기 때문이다. 그것이 잘못된 생각임에도 불구하고 누군가는 많이 가질수록 자신이 훌륭하다고 느낀다. 물질을 향한 탐욕의 폐단은 우리를 본질에서 멀어지게 만든다는 점이다. 물질의 가치와 존재 가치는 등가가 아니다.

존재 가치와 물질의 소유는 아무런 관련이 없다. 많이 가진 사람이 행복한 게 아니라 자기가 원하는 인생을 자유롭게 사는 사람이 행복하다.

장자는 〈인간세〉에서 '심재'에 대해 말한다. 〈인간세〉에는 공자와 제자 안회가 등장한다. 안회가 "제가 위나라의 임금에게 바른말을 하고자 하는데, 어떻게 하면 좋겠습니까?"라고 묻자, 공자는 심재를 하라고 일러준다. 단순히 말을 잘 준비하는 것이 아니라, 먼저 마음을 비워서 어떤 고정된 생각이나 욕심에 사로잡히지 말라는 뜻이다. "도는 오로지 빈 곳에만 있는 것. 이렇게 비움이 곧 '마음의 재心齋니라." 안회의 물음에 대한 공자의 대답이다. 마음을 비우거나 굶기는 것이 심재다. 비워야 할 이유는 분명하다. 도는 오직 비움 속에만 깃들기 때문이다.

노자도 비움과 고요함을 권유한다. 고요함은 노자 철학의 핵심 가치다. '허虛'는 비움이고, '정靜'은 고요다. 허의 지극함 속에 정이 깃든다. 비움과 고요는 따로 있지 않고 하나로 움직인다. 비워야 고요해지고 고요해져야 비울 수 있는 까닭이다.

동양의 철학자들은 늘 가난을 삶의 덕목으로 여겼다. 가난은 단지 돈이 없는 것을 뜻하지 않는다. 가난에는 내적인 것과 외적인 것이 있는데, 외적으로는 적게 갖는다는 뜻이고, 내적으로는 욕심이 적다는 뜻이다. 마음이 가난하면 단순하게 살 수 있다. 욕심과 집착에서 자유로워진다. 그런 까닭에 가난이 덕목이 되는 것이다. 마음이 가난한 자만이 물질의 덫에서 벗어나 자유로워진다. 더 많이 가지려는 욕망을 품었다면 항상 가난하고, 더 적은 소유에 만족한다면 이미 부자와 같다.

　살아가는데 왜 비움이 필요할까? 덜어내고 비워서 적게 가지면 번뇌가 준다. 반대로 많이 가지면 번뇌도 커진다. 이것은 아주 명백하고 단순한 진리다. 덜어내고 작은 소유에 자족함으로써 돈이 쓸데없이 새는 것을 막을 수 있다. 돈은 생활하는 데 없어서는 안 될 자원이지만 그것을 인생의 목적으로 삼는 순간 삶은 비루해진다. 인생에서 중요한 것은 재물을 많이 쌓는 게 아니라 건강과 생명을 북돋는 일이다. 아울러 활기차게 사는 것, 보람과 가치를 추구하며 영혼의 점진적인 진화를 꾀하는 일이다.

최소한의 것으로 살아갈 것. 꼭 필요하지도 않은 것들을 쌓아두지 말 것. 그게 지혜로운 자들이 추구한 '무소유' 정신이다. 무소유는 비움의 궁극적인 형식이다. 비움을 궁극적인 가치로 강조한 것은 그것이 우리를 자유롭게 할 것이라고 믿기 때문이다. 비움은 물질과 대상으로부터의 자유를 보장한다. 마음이 번잡한 것은 비움에 이르지 못한 까닭이다. 놀라운 역설은 비우지 못한 자는 채우지도 못한다는 점이다. 빈자리가 없는데, 어디에 채울 것인가? 비우고 덜어내는 일은 궁극적으로 인생을 단순하게 만든다. 비우고 단순해질수록 우리는 본질에 더 가까워진다.

　　욕망이란 무엇인가? 욕망의 '욕慾'을 풀어서 나누어 보면 계곡을 의미하는 '곡谷'과 사람의 입이 벌어짐을 의미하는 '흠欠', 마음 '심心'이 합해진 글자임을 알 수 있다. 욕이란 한자는 비어 있고 모자라면 그것을 채우려는 사람의 자연스러운 성정을 함의한다. 배고픈 자가 음식을 바라는 것은 당연하다. 그 자체로는 나쁘지도 좋지도 않다. 욕과 더해져 쓰이는 '망望'은 무언가를 상상하고 바란다는 뜻을 내포한다. 부재한 대상을 꿈꾸며 바라는 것은 자연스럽다. "그 어느 경우이든 욕欲은 무언가가 모자란 상태, 무언가가 필요한 상태를, 그리하여 모자란 상태를 채우려 함을 함의한다. 이렇게 보면 이 낱말은 윤리적으로 부정적 의미가 전혀 아니다. 본디 사람은 곡谷의 존재이기 때문이요, 입 없는 사람은 없기 때문이다."[16] 사람은 비운 것을 채우고, 없는 것을 바라고 구한다. 그 대상에는 밥이나 잠과 성性같이 본능에 속하는 것과 사랑, 지식, 행복, 아름다움, 재물, 명성, 권력 따위 관념적 가치에 속하는 것들이 있다. 사람은 그 모든 것을 두루 욕망하며 산다. 그런 인간을 호모 오렉시스 *Homo Orexis*라고 한다.

사람이 욕망하는 존재라는 것은 부정할 수 없다. 지나친 욕망은 여러 문제를 일으킨다. 따라서 그것을 제어하고 조절할 필요가 있다. 적당히 만족할 줄 아는 것이 현명한 태도다. 노자는 말한다. "만족할 줄 알면 욕되지 않고, 그칠 줄 알면 위태롭지 않아 오래갈 수 있다知足不辱, 知止不殆, 可以長久." 욕심이 대상에 집착하고 속박된다는 것, 곧 대상에게 부림을 받는 노예가 됨을 뜻한다면 만족이란 욕망에 속박되어 그것에 부림을 받지 않는다는 뜻이다.

일반적인 경우 욕망의 대상은 돈이나 물질이다. 돈을 좇는 행태는 다양하다. 살면서 돈에 대한 욕망이 비이성적일 만큼 지나친 경우를 수없이 봤다. 인간들은 왜 그토록 돈을 미친 듯이 좇을까? 돈을 벌고 쌓으려는 욕망의 바탕에는 축적의 강박, 권력욕, 그리고 구원에의 욕구가 하나로 엉켜 있는 경우가 드물지 않다. 그러나 돈은 우리에게 구원도 자유도 주지 않는다.

천재 철학자 비트겐슈타인은 막대한 유산을 상속받자 그 돈을 가난한 문인들과 형제자매들에게 나누어 준다. 그는 검소하게 살며 교사, 건축가, 수도원 생활 등 다양한 경험을 하는 것에 만족했다. 비트겐슈타인이 다시 철학 연구에 집중하기 위해 케임브리지대학으로 돌아왔을 때 친구인 존 메이너드 케인스는 "신이 도착했다"라는 말로 소식을 알린다. 비트겐슈타인은 돈을 쌓아 올리는 행위가 행복과는 무관한 응고된 시간을 만드는 것임을 깨닫고 있었을 테다.

돈을 쌓고 불리는 행태는 곧 '훨씬 더 많은 시간을 부리고 싶은 소망'과 하나로 움직인다. 누구에게 예속

되어 부림을 받지 않고 제 의지대로 자유롭게 살려면 돈을 좇을 것이 아니라 욕심을 내려놓을 줄 알아야 한다. 탐욕은 삶을 크게 소모하고, 재물을 많이 쌓으면 반드시 크게 잃는다. 그칠 줄 모르는 물욕에 따라 움직이면 큰 낭패를 초래할 수 있다. 재물을 탐하는 일에 인생을 낭비한다면 그는 지혜롭다고 할 수 없다. 지혜로운 자는 무욕과 자족에서 자유와 즐거움을 구하고 따를 것이다.

내게 지혜가 있다면
큰길을 가겠다

행어대도行於大道

가령 나에게 조그마한 지혜가 있다면 큰길을 가겠다. 오직 나쁜 길로 빠질까 봐 두려울 따름이다. 큰길은 매우 평탄한데, 사람들은 위험한 지름길을 좋아한다. 정치는 부패하고, 논밭은 황폐하며, 곳간은 텅 비었다. 화려한 비단옷을 입고 날카로운 칼을 차며 산해진미를 물리도록 먹고 재화는 남아돌 만큼 있다. 이것을 도둑의 사치라고 한다. 어찌 이것을 큰 도라고 할 수 있겠는가.

_《도덕경》 53장

이른 봄, 원주 토지문화관에 입주 작가로 들어왔다. 토지문화관에는 작가들이 들어와 한 달에서 길게는 석 달 동안 각자의 방에 머물며 글을 쓴다. 현재 입주한 작가들은 대략 열댓 명이다. 그들은 고요의 탐문자다. 끼니때를 빼고는 방에서 잘 나오지 않는다. 산자락 아래는 봄의 걸음이 한없이 더디다. 다른 지역에 봄비가 내릴 때 이곳에는 진눈깨비가 내리친다. 남녘에 꽃소식이 한창일 때도 이곳 음지에는 잔설이 보였다.

　요 며칠 사이 꽃나무들에 꽃봉오리가 맺히고 어제

며칠 봄볕이 따뜻하더니, 매화와 살구꽃과 복사꽃이 일제히 꽃망울을 터뜨린다. 뜰에는 맑은 매화 향기가 흘러넘치고, 어젯밤엔 크고 흰 달이 떴다. 어둠 속에서 고라니들이 움직이는 기척을 느끼며 잠에 들곤 한다. 춘분이 지난 지 한 달이 넘었으니 밤이 길다고 할 수는 없다. 그동안 한 줄의 시도 쓰지 못했다. 미국의 시인 메리 올리버는 내 귓가에 대고 "무엇보다도, 일단 써봐. 노래해. 피가 혈관을 흐르는 것처럼"[17]이라고 속삭인다. 내 핏속에 흐르는 시를 꺼내 보여야 할 때가 온다.

어디에서나 입만 열면 돈 얘기뿐이다. 돈만 있으면 행복해질 거라고 믿는 사람들은 돈이 만능이 아닐뿐더러 행복과 아무 상관이 없다는 것을 믿지 않는다. 돈의 속성을 안다면 돈이 행복을 빚는 재료가 된다는 걸 믿지 않을 테다. 토지문화관에서 돈 얘기를 노골적으로 화제 삼는 사람은 없다. 다들 자신의 글에 집중할 뿐이다. 또한 한껏 여유를 누리며 사유하고, 시간이 나면 들길을 걷는다.

이곳의 시간은 고요하고 느리게 흐른다. 세계의 시간이 격류를 이루어 모든 것을 휩쓸고 지나가든 말든,

작은 뿔로 허공을 휘저으며 느릿느릿 나아가는 달팽이같이 내 안의 리듬에 따라 나아갈 뿐이다. 꿀벌들은 꽃 위를 날며 날개를 붕붕거리고, 먹잇감을 삼키지 못한 뱀은 똬리를 틀고 허공을 노려본다. 나는 꿀벌과 뱀의 동무가 되어 허송세월한다. 한 편의 시를 쓰려면 분노와 희망, 꽃들의 맥동, 혹은 핏속에 격렬한 불꽃이 일어야 하지만 내게는 한동안 그것들이 전무했다.

오늘의 삶에 의미가 깃들지 않는 것은 삶의 시간이 의미의 매듭을 만들지 못하는 까닭이다. 시간은 헛되이 부서지고 공허하게 흩어진다. 우리가 의미를 빚는 느림에서 멀어진 탓이다. 우리의 위기는 존재의 본질에서 분리되는 위기, 자기 동일성 해체의 위기, 공허한 인간으로 전락하는 위기일 테다.

한 세기 전엔 느림이 있었고, 우리는 의미를 빚는 고요하고 느린 시간에 머물렀다. 옛날의 여행자들은 별을 보고 방향을 가늠했고, 밤하늘 아래에서 노숙하며 신과 영원이 들려주는 소리에 귀를 기울였다. 신과 영원의 음성을 들을 수 없는 이 난청의 시대에서 우리의 귀는 온갖 소음에 시달리고 있을 뿐이다.

우리는 속도와 효율성을 얻은 대신 느림과 심심함에 머무는 능력을 잃었다. 사람들은 혼자 있을 때조차 온갖 전자기기에 눈과 귀를 의탁한 채 시간을 낭비한다. 들길을 걸으며 제 존재 안에 머물 수 있는 시간도, 밤하늘의 별들을 우러르며 삶을 숙고하던 시간도 다 잃어버렸다. 오늘날 사람들이 느림이나 숙고에 대해 알지 못하는 사태는 당연한 일이다.

느림과 숙고의 바탕은 고요다. 숙고란 고요의 잉태이고, 그것의 출산이다. 철학자 하이데거는 숙고를 "무용한 것의 광휘 속에 빛나는 보물에 대한 약속"이라고 했는데, 이것은 메마른 노동과 무의미한 수다 떨기를 멈추는 찰나에 나타난다. 느림과 숙고를 모르니 숙고의 느긋함도, 그 느긋함에 깃드는 행복도, 의미의 심연을 오롯하게 거머쥘 가능성도 깡그리 잃어버린다.

존재의 의미는 지속과 느림에서 머뭇거리며 솟구친다. 들길을 걸을 때 심심함이 우리를 감싼다. 들길의 호젓함 속에서 신과 영원에 대한 사색에 빠져 숙고하는 행복을 누린다. 우리는 들길에서 비좁은 사유를 벗어나 비로소 세계의 드넓음과 만난다. 신과 영원에서 오는 소리에 집중할 수 있다. 들길이 주는 선물은 자기 안에 오롯이 머무는 집중성, 자기에게로의 호젓한 귀환, 새 거나 깨진 데가 없는 온전한 지속성이다.

노자는 말한다. "가령 나에게 조그마한 지혜가 있다면 큰길을 가겠다. 오직 나쁜 길로 빠질까 봐 두려울 따름이다使我介然有知, 行於大道, 唯施是畏." 큰길이란 의로운 길이거니와 청렴하고 정직한 방식을 따르는 길이다. 청렴이란 숨길 게 없는 맑음이다. 부끄러움이 없으니 숨길 것도 없다. 반면 많은 이들이 가는 지름길은 삿된 길, 즉 정도에서 벗어나 편법, 부패, 부정을 따르는 길이다. 마음에 탐욕이 그득하니 풍속이 부패하고, 풍속이 부패한 사회에서 저마다 꾀를 내며 다들 사특해지는 것이다.

사람들은 재물을 모으는 일에 수단과 방법을 가리지 않는다. 그 재물로 고작해야 화려한 비단옷을 걸치고 산해진미를 물리도록 먹을 뿐이다. 세태가 타락한 징후는 옷과 음식의 사치에서 먼저 나타난다. 옷은 화려해지고 음식도 덩달아 화려해진다. 사람이 모이는 곳이라면 어디든지 돈 되는 것에 대한 화제가 넘쳐난다. 하지만 돈은 한곳에 머무르는 법이 없다. 돈은 이곳저

곳으로 제멋대로 흘러 다니는 것을! 통치자는 제 권력으로 이권을 취하고, 수하의 사람들은 그보다 작은 잇속을 챙기기에 바쁘다. 나라의 곳간이 텅 비고, 서민의 살림은 날이 갈수록 피폐해질 수밖에 없다.

살얼음 낀 겨울 내
건너듯 하라

약동섭천若冬涉川

예로부터 도를 잘 따르는 사람은 오묘하고 지혜로우며 그 깊이를 가늠할 수가 없다. 앎이 깊으므로 헤아리기 어렵지만 드러난 모습으로 대강 짐작할 따름이다. 겨울 내를 건너듯 머뭇거리며 신중하고, 이웃을 대하듯 사방을 두리번거리며 조심한다. 얼굴에는 진중함이 나타나고, 흩어질 때는 장차 녹으려는 얼음 같고, 통나무처럼 투박하고, 계곡처럼 확 트이고, 흙탕물처럼 탁하다. 누가 능히 탁한 것을 고요히 함으로써 서서히 맑게 하며, 누가 오래 안정된 것을 서서히 움직여 깨울 수 있을까? 도를 가지고 있는 사람은 굳이 욕심을 채우려고 하지 않는다. 굳이 욕심을 채우려고 들지 않기 때문에 자신을 낡지 않고 새롭게 이룬다.

_《도덕경》 15장

며칠 전 강진을 다녀왔다. 내 우거가 있는 중부 지역인 안성에서 남단의 강진까지는 자동차로 네 시간이나 걸린다. 강진을 찾은 이유는 김영랑 시인의 고향인 강진군에서 주는 '영랑시문학상'을 받게 되어서다. 영랑생가는 모란꽃이 만발해 장관을 이루었고, 동백나무 아래로 모가지째 떨어진 붉은 동백꽃들이 눈에 시렸다. 영랑생가 옆의 시문학파 기념관에서 시상식이 열렸다. 여기저기에서 축하하러 찾아온 벗들과의 저녁 시간도 즐거웠다.

강진의 한 횟집에서 큰 농어를 잡아 회를 뜨고 맑은 탕을 끓여 멀리서 온 벗들을 대접했다. 찬술과 더운 밥을 먹은 뒤엔 흥겨움에 젖어 노래도 한 자락씩 불렀다. 남도의 밤은 봄꽃들로 향기로웠고, 벗들과 어울린 시간은 감미로웠다. 늦은 밤 다산수련원에서 하룻밤을 신세 지고 이튿날 아침에 일어나 안성으로 돌아왔다. 영랑시문학상 수상자가 되었다는 연락을 받은 뒤 소감 몇 자를 적었다. 시력詩歷 40년 만에 큰 문학상을 받게 된 벅찬 감회를 술회한 문장이다.

> 유빙들이 밀려와 한강 하류가 마치 북극 바다를 방불케 한다는 소식이 전해진 겨울 어느 날에 《시와시학》 관계자에게서 제가 영랑시문학상 수상자로 지목되었다는 뜻밖의 통보를 받았습니다. 물론 뛸 듯이 기뻤지만 마냥 의기양양하지 못하고 조심스러웠던 것은 과연 헐거운 인생을 살아온 제가 자격을 갖췄는가 하는 의구심이 마음 어느 구석엔가 있었던 탓이죠.
> 저는 역사의 개별보다 시의 보편을 더 신뢰하

고 흠모해온 몽매한 자입니다. 산에 핀 제비꽃이 바위를 깨뜨린다고 감히 말할 수 있는 자가 시인 말고 또 누가 있을까요. 제 안의 몽매함은 제가 서른 몇 해 동안 시를 밀고 오게 한 동력입니다. 세상의 모든 바위들보다 제비꽃이 더 힘세다고 믿는 몽매함으로 이 과분한 상을 기꺼운 마음으로 받겠습니다.

어려서 뭣도 모른 채 영랑의 〈모란이 피기까지는〉을 좋아했습니다. 그 밑바닥에 깔린 슬픔을 다 알지도 못한 채 소리 내어 읽고 또 읽었습니다. 영랑은 도른도른, 살포시, 보드레한, 즈르르, 애끈한, 조매로운, 아롱지는, 그리메, 서느라워, 가부엽게, 흐렁흐렁, 호동글, 홋근한, 서어한, 호젓한, 파름한, 섯드른, 바람숫긴, 포실거리며…… 따위의 어휘들로 토속어 정감을 화사하게 펼쳐냈지요. 그쪽 분야에서는 백석이나 미당과 견줘 조금도 빠지는 바가 없습니다.

영랑은 생전에 유성기로 이화중선李花中仙의 소리를 들으며 "이게 이 나라의 제일 슬퍼 못 견딜 소리"라고 했다지요. 그분은 남도의 귀명창이었지요. 이 귀명창이 이 나라의 제일 슬퍼 못 견딜 소리에 감응하면서 모국어로 빚어낸 게 영랑의 시입니다. 영랑에 그토록 끌리고 감탄했던 것은 모국어의 맑은 울림이 일으키는 황홀경 때문이지요.

영랑 내면의 깊은 곳에 슬픔의 근친애가 있었던 것일까요? 그렇다면 저는 영랑의 내면에 번성했던 저 슬픔의 먼 방계쯤 되겠지요. 영랑은 "사람이 아무리 서럽고 비참해도 역시 촉기는 어딘가에 있어야 해"라고 하셨다는데, 제게 그 촉기가 있는지는 확신할 수가 없습니다. 촉기란 핏속에 녹아 있는 번쩍임 같은 것이겠지요. 시가 만능이라고는 할 수 없겠지만, 조촐한 발명과 성찰의 일이기는 합니다. 그러니까 다른 어떤 일보다 더 촉기가 필요하겠죠. 필요하다면 눈썹을 다 뽑아서라도 그 촉기를 만들겠습니다.

수상 소식을 듣고 며칠 지난 뒤 여러 선생님들

이 살갑게 거명해주셨다는 제 시집 《오랫동안》을 다시 들여다봤습니다. 득선得仙도 학득學得도 없는 이 무용한 물건을 마치 당대唐代의 별자리 그림이라는 〈돈황성도을본〉을 들여다보듯이 덤덤하게 봤습니다. 시詩와 역易, 오늘의 일들과 상고尚古의 지혜가 얽히긴 하는데, 한 화음으로 녹아들지 못하고 제각각 딴소리를 내고 있군요. 그 소리들의 한쪽에 제 슬하의 슬픔과 불행들이 옹기종기 모여 있군요.

그럼에도 이 보잘것없는 시집이 각별했던 것은 시골구석에 처박혀 곰삭은 외로움을 다만 외로움으로 견디고 뜰에 모란 작약이나 키우며 살려고 했던 제 마음의 가난이 드러났기 때문입니다. 이를테면 "싸래기눈 이마를 때리는 날엔 / 유월 모란 화투패로 운세를 짚고, / 동지 뒤 초밤엔 / 폭설에 소나무 가지 꺾이는 소리를 듣고, / 묵밥을 먹자. / 묵밥을 먹은 저녁엔 / 온잠을 자고 / 가래똥이나 누며 살자."(졸시, 〈묵밥 2〉) 같은 구절에 제 마음의 궁상이 숨길 수 없이 나타납니다. 찬란은 없고, 불행과 슬픔의 자취는 희미합니다.

장강과 황하도 얕은 물에서 시작했다는 옛사람의 말을 믿고 여기까지 고단하게 왔습니다. 제 어리석음이라면 어리석음이겠지요. 그래도 괜찮습니다. 시는 이미 제게 많은 것들을 주었으니까요. 하지만 이제야, 토설합니다. 외로움에 졌습니다! 포달스러운 늑대로는 살지 못하겠죠. 앞으로는 풀포기와 같이 익명의 식물성으로 여리디여린 그늘들이나 삼키며 살아야겠습니다. 다시 한번 이 상의 심사위원 선생님들께 머리 숙여 인사드립니다.

내게 문학은 무엇이었던가. 문학은 불가능한 꿈이었다. 그것은 끝없이 실패하고, 실패하고, 실패하는 꿈이다. 하지만 포기하지 않았다. 문학은 내가 먹은 밥이고 내가 걸어가야 할 길이었다. 하지만 문학이 실용적인 쓸모를 가졌다고 말하기는 어려웠다. 그 사실을 일찍이 깨달았음에도 문학에 땀과 피를 쏟아낸 것은 문학

없이는 내 삶도 있을 수 없다고 믿었던 까닭이다. 돌이켜보면 희망이 없던 젊은 날 문학이 있었기에 삶의 궁극적 가난과 고통을 견뎌내고 아주 방탕해지지 않을 수 있었다.

상을 받았다고, 인격과 문학이 숭고해지는 것은 아니다. 상을 받았다고 우쭐한 기분을 드러내면 그것이야말로 어리석은 작태일 것이다. 이제 들뜬 마음을 가라앉히고 평상심으로 돌아가야 한다. 노자의 가르침은 오묘하다. "하찮은 덕은 그것을 잃지 않으려 애쓰기에, 오히려 덕이 없다下德不失德, 是以無德."(《도덕경》 38장) 덕이 많다 하면 덕이 없는 것이요, 덕이 없다 하면 덕이 있는 것이다. 덕을 자랑하면 덕이 사라진다는 말을 곱씹어보며 사회생활을 어떻게 하는 게 바른 태도인지를 숙고한다.

《도덕경》 15장에 나오는 '유猶'는 코끼리, '예豫'는 원숭이를 가리킨다. 두 동물은 의심이 많고 조심스럽다는 공통점이 있다. 일을 도모하며 조심하기를 마치 살얼음 낀 겨울 내를 건너듯 하라! 얼어붙은 개울을 건널 때는 얼음이 깨지지 않을까 주의 깊게 살펴라! 조심하지 않고 발을 디뎠다가는 낭패를 당할 수 있다. 행동거지는 손님이 그러하듯 매사에 흐트러짐 없이 자신을 돌아보아야 한다. 노자는 살면서 조심하기를 마치 코끼리가 살얼음 낀 겨울 내를 건너듯 하라고, 살면서 신중하기를 마치 원숭이가 사방을 경계하듯 하라고 이르는 것이다. 무슨 일을 하든지 경솔하면 그르치기 십상이다. 항상 자신을 돌아보며 함부로 행동하지 않는 사람은 마치 살얼음 낀 겨울 내를 건너듯 조심하는 사람이다. 오직 그런 사람만이 도를 잘 따른다고 할 수 있다.

    노자는 말한다. "누가 능히 탁한 것을 고요히 함으로써 서서히 맑게 하며, 누가 오래 안정된 것을 서서히 움직여 깨울 수 있을까孰能濁以靜之徐淸, 孰能安以久動之徐生?" 흙탕물은 가만히 두면 물이 스스로 맑아진다. 물의 정화력 때문이다. 오래된 것은 그대로 굳어져 단단해진다. 그것을 깨울 수 있는 것은 없다. 오직 도만이 그것을 움직여 깨울 수 있다. 함부로 결과를 도출해내려고 하지 마라! 인위로 봄을 여름으로 바꿀 수 없다. 봄을 여름으로 바꿀 수 있는 것은 오직 자연에 작동하는 순환의 원리뿐이다.

천하가 아름다움을 아는 까닭은 추함이 있기 때문이다

천하개지미지위미 사오이天下皆知美之爲美 斯惡已

천하 사람들이 모두 아름다움을 분별하는 까닭은 바로 추한 것이 있기 때문이다. 천하 사람들이 모두 선한 것을 분별하는 까닭은 바로 착하지 않은 것이 있기 때문이다. 그러므로 '있음'과 '없음'은 상생하며, 어려운 것과 쉬운 것은 서로 어울려 형성되고, 긴 것과 짧은 것도 서로 견주고, 높은 것과 낮은 것도 서로 견주고, 여럿이 화합하는 소리와 저 혼자 내는 소리는 서로 어울려 조화를 이루고, 앞과 뒤는 서로 규정하며 이루어진다. 그러므로 성인은 무위로써 일을 처리하고, 말로 하지 않는 가르침을 행한다. 자연에 맡겨 자라도록 하되 간섭하지 않고, 만물을 기르되 점유하지 않는다. 남을 돕지만 그것을 자랑하지 않고, 공을 이루되 그걸로 지위를 차지하지 않는다. 공을 세우고도 자랑하지 않으니 공을 잃지 않는다.

_《도덕경》 2장

사람은 사람 사이에 있을 때 비로소 사람이다. 이 말은 사람이란 상호 소통하며 사는 존재라는 뜻이다. 소통은 마음과 마음이 통해 이루어지는 법이다. 통하면 마음을 열어 이야기를 나누고, 밥도 먹고, 일도 도모한다. 통하지 않으면 등을 돌린다. 이게 인지상정이다. 사람은 통하지 않는 상태를 불신한다. 당신이 나를 속이는 건 아닌가? 불신이 쌓일수록 상호 간에 의심이 싹트고 갈등과 증오의 골은 깊어진다.

　언제부턴가 소통이 우리 사회의 화두가 되었다. 소

통에 대한 필요가 나타나는 것은 그만큼 우리 사회가 불통하고 있다는 증거일 테다. 소통이 없는 사회에서 사는 일은 팍팍할 뿐만 아니라 갈등과 대립이 첨예해져 괴로움이 증가한다.

가난한 집이라도 식구들 사이에 신뢰가 있다면 그곳이 웃음꽃 피어나는 천국이다. 부자라도 식구들 사이의 신뢰가 깨진다면 그곳이 지옥일 테다. 사람과 미래, 일에 대한 신뢰는 희망과 용기의 근거가 될 것이다. 반면 불신은 삶을 팍팍하게 만드는 요인이다. 살면서 친구와 주변 사람들에게 신뢰를 잃지 않는 것이 중요한 건 신뢰를 잃는 게 명예를 잃는 것과 같기 때문이다. 신뢰를 잃느니 차라리 바보가 되는 것이 낫다.

한 선배 시인의 이야기다. 한반도 서남단에 고향을 둔 친구 사이에서 일어난 일이다. 한 사람은 시인으로 유명하고, 한 사람은 혈액암 의사로 명성을 얻었다. 어느 날 시인이 집안일로 급전이 필요해서 의사 친구를 찾아갔다. 오래 간직하던 백자항아리를 들고 가 의사 친구에게 딱한 사정을 전하고 돈을 꿔달라고 부탁했다. 만만치 않은 액수였지만 의사 친구는 선뜻 돈을 건

넸고, 백자항아리는 받지 않았다. 그는 돈을 빌려주면서 백자항아리를 맡는 수고까지 떠맡고 싶지는 않다고 했다.

자주 돈에 쪼들리던 시인은 급전이 필요할 때마다 의사 친구에게 달려갔다. 갚는 것보다 빌린 돈의 액수가 커지면서 시인의 괴로움도 커졌다. 의사 친구는 시인의 부담을 덜어주고자 백자항아리를 떠맡았다. 세월이 흘러, 의사 친구가 시인의 외동딸 결혼식의 주례를 서게 되었다.

의사 친구는 결혼식장에 백자항아리를 갖고 나가 주례사에서 이 항아리가 제 손에 오게 된 경위를 설명했다. 주례사를 끝낸 뒤 백자항아리를 신부에게 건네며 덧붙이기를, 살면서 어려울 때마다 백자항아리에 귀를 대고 항아리의 말에 귀를 기울이라고 했다. 과연 백자항아리는 신부에게 무슨 말을 속삭일까? 눈앞의 이익에 얽매이지 말고 도우며 살라고 했을까? 이것은 시인과 의사 친구의 참된 우정과 소통에 관한 아름다운 이야기이다.

프란츠 카프카의 유명한 소설 〈변신〉은 불통으로

인해 빚어지는 끔찍한 사태를 우화로 보여준다. 가족의 생계를 책임진 그레고르 잠자는 어느 날 잠에서 깨어나 자신이 커다란 곤충으로 변했다는 걸 알고 경악한다. 아버지의 빚을 갚고 가족 부양을 위해 하루도 빠짐없이 직장에 출근하던 그를 향해 여동생이 "사랑하는 부모님, 우리는 저걸 없애야 해요" 하는 말에 낙담하고 절규한다. 하루아침에 식충이요, 가족의 골칫덩이가 되어버린 자신의 신세를 한탄했지만 그는 문밖으로 나갈 수가 없었다. 그레고르 잠자는 가족들과 대화에 실패한다. 가족과 소통할 수 없었던 그는 아버지와 어머니, 사랑하는 누이동생에게 버림받는다. 가족은 곤충으로 변한 아들 혹은 오빠에게 처음엔 연민을 보여주지만 그가 장애물이라고 판단하자 표변하여 그를 공격하고 죽음으로 몰아넣는다. 그가 죽고 난 뒤 가족은 소풍을 나간다. 〈변신〉은 가족 간 소통의 불능이 가져온 비극을 보여주는 우화다.

 소통은 화합이고, 갈등의 국면에서 가치를 드러내는 미덕이다. 아울러 마음을 열어 타인을 환대하는 일이다. 소통이 활발하게 이루어지는 사회에서는 갈등과 증오가 엷어진다. 소통은 꽃과 같이 피어서 우정도, 사랑도, 참된 삶도 번성하게 한다.

사람은 저 혼자만 행복해질 수 없다. 행복이란 항상 사람 속에서 일어난다. 혼자 슬퍼하며 통곡할 수 있지만 행복하게 웃을 수 있는 건 누군가와 함께 있음으로써만 가능하다. 가끔 엘라 휠러 일콕스의 〈고독〉이란 시의 첫 구절을 중얼거린다. "웃어라, 온 세상이 너와 함께 웃으리라. / 울어라, 너 혼자만 울게 될 것이다." 내가 너와 만나는 것, 관계 맺음이나 소통이 없는 한 행복은 가능성을 봉쇄해버린다. 마르틴 부버라는 철학자는 말한다. "그것은 존재를 기울인 행위요, 나의 본질 행위다. 모든 참된 삶은 만남과 소통이라는 전제에서 시작한다." 참을 말하자면 행복은 개별적 욕망의 충족에서만 일어나지 않는다. 오히려 타자를 환대하고 마음으로 어울리며 소통해야만 행복해질 수 있다. 사람은 연결된 존재이고, 그런 맥락 안에서만 의미를 얻을 수 있는 존재이기 때문이다.

노자는 말한다. "천하 사람들이 모두 아름다움을 분별하는 까닭은 바로 추한 것이 있기 때문이다." 아름다움이란 추함과 분별하는 마음에서 일어난다. 노자가 추함이라고 한 것은 인위로 꾸민 아름다움이다. 아름다움은 꾸미지 않은 그대로의 것이라야 한다. 꾸밈은 그 바탕의 추함을 가려 덮는 행위에 지나지 않는다.

노자는 항상 질박함을 강조한다. 꾸미지 않은 아름다움만이 진짜 아름다움이기 때문이다. 꾸미는 것은 질박함에 대한 부정이다. "천하 사람들이 모두 선한 것을 분별하는 까닭은 바로 착하지 않은 것이 있기 때문이다 皆知善之爲善, 斯不善已." 이 구절도 마찬가지다. 사람들이 착함이라고 규정하는 것은 인위로서의 착함이다. 이것은 노자가 제시하는 기준에 따르면 착함이 아니다.

노자는 선악, 미추, 유무, 고저, 장단, 전후 등이 상호 규정에 따라 생겨나는 개념임을 밝힌다. 어느 한쪽은 다른 한쪽의 있음을 전제로 하는 것이지, 어느 한쪽만으로 존재할 수 없다. 아름다움은 추함이 있으므로 생겨나고, 착함은 착함이 아닌 것의 상호 규정에 따라 빚어진다. 마찬가지로 긴 것은 짧은 것의 규정에 따라 길고, 높은 것은 낮은 것의 규정에 따라 낮다.

사는 동안 가치 있는 것으로 품고 기를 만한 게 우

정이다. 우정은 서로 다름의 조화를 통해서만 발생한다. 그런 까닭에 서로 잘잘못을 가리고 따지면 우정이 고일 바탕은 사라진다.

물은 땅을 적시고 식물의 성장을 돕는다. 물은 많은 것을 이루되 그 공을 다투지 않으며 다만 자연의 이치에 따라 높은 데서 낮은 데로 흘러갈 따름이다. "공을 세우고도 자랑하지 않으니 공을 잃지 않는다功成而弗居." 이것은 물이 처하는 방식이다. 바로 무위지위無爲之爲인 것이다. 사람은 무언가를 이루면 우쭐해진 탓에 그 공을 내세워 덕을 보려고 한다. 대개는 공의 대가로 명예나 직위를 얻기를 기대하지만 성인은 무언가를 이루고도 공을 내세우지 않는다. 그런 까닭에 성인에게는 허물이 생기지 않는다.

자애하면
용감할 수 있다

자고능용慈故能勇

천하 모두가 말하기를 나의 도는 크므로 녹아 없어지지 않을 것 같다고 한다. 오로지 크므로 녹아 없어지지 않을 것 같다. 만약 녹아 없어진다면, 오래 갈까, 그 여린 것이. 내게 세 가지 보물이 있어 간직하고 있으니, 첫째, 자애하라. 둘째, 검소하라. 셋째, 천하 앞에 함부로 나서지 마라. 자애하면 용감할 수 있고, 검소하면 널리 보살필 수 있고, 천하 앞에 감히 나서지 않으면 능히 천하의 우두머리가 될 수 있다. 이제 자애함은 놔둔 채 먼저 용감히 나서고, 검소함은 놔둔 채 먼저 넓히고, 뒷일은 생각하지 않고 먼저 앞에 나서는 것은 죽음의 길이다. 무릇 자애로움으로 싸우면 이기고, 자애로움으로 지키면 굳건하다. 하늘이 장차 구해준다 했으니, 사랑으로 에워싸기 때문이다.

_《도덕경》 67장

시골에 살면서 가장 변화무쌍한 일은 반려동물의 식구가 늘다가 줄어드는 것이다. 그것은 암컷들이 때가 되면 새끼를 낳기 때문이고, 준 것은 사고나 원인 불명으로 죽기 때문이다. 개들이 나고 죽는 것은 인위로서는 어쩔 수 없는 일이다. 다만 인연이 다할 때면 가슴이 찢어질 듯 아프다. 아래는 시골집에 반려동물로 들인 개들이 북적이던 시절에 쓴 시다.

산통産痛이 오는지 개가 운다.

호소하는 듯 긴 울음이
딱딱한 내 몸통 속으로
밀려 들어온다.

초산이다, 개는 울음 그친 뒤
고요히 새끼 두 마리를 낳고
엎드려 있다.
산 것이 새끼를 낳는 동안
소년가장 같은 땅강아지는 재개재개 기어가고
귀없는 풀들은 비스듬히 기운다.

몸통 속에서 내 것이 되었던 울음들이
다시 몸통 바깥으로 밀려 나가고
나는 미역국을 끓이러
부엌으로 간다.

등 뒤 칸나꽃이 투명한 공기 속에서
유난히도 붉은 저녁이다.

_〈초산〉 전문[18]

책에서 개에 관한 구절을 만나면 눈길이 오래 머문다. "개의 질주하는 삶은 몹시도 짧다. 개들은 너무 빨리 죽는다."[19] 개들이 충직하고, 명랑하고, 사랑스럽다는 사실을 부정할 사람은 없을 테다. 사람들은 개에게 받은 사랑만큼 되돌려주지 못한다. 이웃과의 분쟁을 피하려고 개를 부득이 쇠줄에 매어 키우는 것도 그렇거니와, 개가 원인 불명으로 죽을 때는 내 탓이라며 자책하곤 한다. 이게 다 인연이 만든 업이려니, 하고 차라리 개를 들이지 않겠다며 결의를 다지기도 한다. 만물이 죽고 사는 일은 자연의 섭리가 아니던가! 우리에게 와서 몸을 의탁하고 제 수명을 마치고 돌아간 개들은 인연이 다하여 떠나는 것이라고 여긴다.

인연은 사람과 사람 사이에서 일어나는 일이다. 봄에 만남의 인연이 있었으면 가을엔 헤어짐의 인연도 있는 법이다. 아침의 인연이 있으면 저녁의 인연도 있을 테다. 인연은 푸르기도 붉기도 누렇기도 하다. 사람은 인연으로 사랑과 자유를 얻고, 그 반대로 재물을 잃고 업을 짓는다. 인연은 기쁨의 바탕이 되어 생명을 약동으로 이끌며, 운명을 창조한다면 그건 좋은 인연의 덕분이다. 더러는 나쁜 인연도 있다. 고통으로 창자를 끊는 아픔이 되거나 시름을 안겨 마음이 울울해지는 인연이 그렇다. 인연은 춘분의 한낮에 웃음을 터뜨리고, 동짓날 밤을 지새우는 이유가 되기도 한다.

인연은 마음이 짓는 일이다. 인연은 우연을 가장한 필연으로 다가온다. 오늘은 한 독자에게 받은 편지 한 통의 사연을 들려주려 한다. 책을 쓰고 내니, 그 책을 읽고 편지를 보내는 독자들이 더러 있다. 가느다란 인연이 닿아 내가 갖게 된 이 편지도 그중 하나다. 가슴 뭉클한 데가 있어 몇 번을 읽었지만 훗날 다시 읽으려고 책상 서랍에 넣어두었다.

> 매혹적인 봄꽃들이 피고 지고, 연초록 나무 잎새들은 미풍에 하늘거리는 봄날 풍경은 황홀합니다. 다람쥐는 돌과 나무 위를 미끄러지듯 오르내리고, 새들은 짝짓기를 위해 경쾌하게 노래하고, 나비는 이 꽃 저 꽃으로 날아다니고, 어미 닭이 병아리를 몰고 다니면서 모이를 쪼고 있는 이 따뜻하고 평화스러운 풍경은 마치 지

상의 낙원인 듯합니다. 제가 살고 있는 자그마한 낙토 예찬입니다.

선생님, 제 소개도 없이 주변 얘기만 먼저 늘어놓아 죄송합니다. 저는 평범하게 주부로 살아온 1945년생 할머니입니다. 애독자라고는 할 수 없지만 2001년에 《추억의 속도》를 읽은 뒤 선생님이 계시는 금광저수지와 숲을 상상하고 막연히 그리워하곤 했습니다. 저도 그런 곳에서 살고 싶은 꿈을 가졌는데, 발품 팔고 다닐 능력이 없어 별 모양이 없는 농촌 마을에 터를 잡고 산 지가 7년이 됐습니다.

그동안 그렇게 가 뵙고 싶은 분이었지만 운전을 못 하는 까닭에 7년이라는 세월을 그냥 보냈군요. 가방끈도 짧고 태생적 결핍도 많다 보니 어느 것 하나 잘하는 것이 없습니다. 게다가 느리기까지 하니 마음이 지극해도 실행할 용기가 없었던 겁니다.

어느 초등학교 도서실에서 월간지 《숲》 2008년 3월 호에서 〈내가 사랑하는 어휘 10개〉라는 선생님의 글을 읽고 편지를 드리고 싶어 겨우 용기를 냈습니다. 저도 사랑하는 어휘들이 많습니다. 호수, 바위, 찔레꽃, 구름, 달밤, 별, 노을, 꿈, 여명, 가을, 억새, 갈대, 호수, 보헤미안, 플라멩코, 인디오, 정령, 강호, 하심 등인데, 이 어휘들을 늘어놓으니 속이 시원해지는군요.

문장가 소동파는 "봄밤의 한 시각이 천년의 값어치"라고 했습니다만 여생에 천금의 값어치로 봄을 맞는 햇수가 고작 몇 번일까를 생각하니 한 시각 한 시각이 절절해집니다. 어느 날 바람처럼 지나가 버린 제 인생을 맞닥뜨리며 후회할 일이 무엇인가를 짚어보지 않을 수 없습니다. 그 후회할 일 중의 하나가 진작 선생님께 편지 드리지 않은 일이 될 것 같습니다.

선생님이 계시는 '수졸재'와 일죽까지 거리가 얼마큼인지는 모르겠지만, 일죽 IC에서 저희 집까지는 정확히 25분 소요됩니다. 바라는 것이 있다면 가까운 시일 내에 저희 집에서 선생님께 점심 대접을 했으면 하는 겁니다. 선생님이 마음의 여유가 있으실는지요. 같은 나라 같은 시대를 살아간다는 이유만으로 잠깐 시간을 허락하실 줄 믿겠습니다.

제 연락처를 아래에 적으니 부디 연락해주시길 바랍니다. 바깥 풍경이 너무 아름다워서 마음이 슬퍼지는 봄날입니다.

_기축년 5월 1일. 모모.

이 편지의 연줄로 전혀 모르던 사람과 소소한 인연을 쌓게 되었다. 작은 인연이라도 도 안에서는 이루어지지 않는 게 없다. 노자는 말한다. "천하 모두가 말하기를 나의 도는 크므로 녹아 없어지지 않을 것 같다고 한다天下皆謂我道大, 似不肖." 도는 천하를 다 품을 만큼 크고 넓다. 도는 하늘과 땅을 품고, 사람은 그 큰 도를 가슴에 품을 수 있다. 그러고 보면 정말 큰 것은 사람이 아닐까?

이 편지를 읽은 뒤 그 간곡함과 지극함에 가슴의 금琴이 가늘게 울렸다. 이 편지를 읽은 날은 저물녘까지 일손을 놓고 앉아 있었다. 자신을 평범한 시골 할머니라고 했지만, 문장의 평온함을 보아 덕을 가진 분일 거라고 짐작게 한다. 나의 보잘것없는 문장에 감명을 받았다고 적었으나, 오히려 감명받은 것은 내 쪽이었다. 이름 없는 할머니의 겸손과 평온함에 깊은 감명을 받았다.

  알지 못한다는 것을 아는 게 제일 좋은 앎이다. 이것을 이미 깨쳤으니, 충분히 큰 도를 품은 분이다. 노자는 큰 도를 움직이는 세 가지에 대해 말한다. 첫째는 자애의 지극함이다. 그러니 옛 현자는 "자애하면 용감할 수 있다"라고 했을 테다. 자애함은 사람을 간절함에 이르게 하고, 간절함은 사람을 의롭게 하는 법이다. 나는 이 편지를 버리지 않고 고이 접어 모셨다.

도는
늘 이름이 없다

도상무명 道常無名

도는 늘 이름이 없다. 통나무는 비록 보잘것없고 작다고는 하나 천하가 감히 마음대로 할 수 없다. 만약 군주가 이 도를 지킬 수만 있다면 만물이 스스로 따를 것이다. 천지가 서로 화합하며 단비를 내리고, 백성은 명령을 내리지 않아도 저절로 조화롭게 살아갈 것이다. 이것저것 분별하는 이름을 가진 제도가 생겨나면 이름을 가진 것의 한계를 알게 된다. 변하는 이름에 붙들려 있지 말고 변함없는 도에 머물러 있을 줄 알아야 한다. 그러면 위태롭지 않다. 도를 가진 사람이 천하를 다스리는 것은 산골짜기의 개울이 강이나 바다로 흘러 들어가는 것과 같다.

_《도덕경》 32장

한 잡지사의 초청으로 창덕궁을 다녀왔다. 내 에세이와 사진으로 특집을 꾸리겠다는 제안에 응한 것이다. 창덕궁 후원에 들어서니 울울창창한 녹음과 수련으로 덮인 연못이 눈을 시원하게 만든다. 하늘도 푸르고, 초목들도 다 푸르러서 나도 모르게 감탄했다. 초여름의 풀과 나무와 물이 하나로 어우러진 이토록 수려한 비경이라니! 비록 일을 핑계삼아 왔지만 풀과 나무들이 뿜는 향기가 진동하는 고궁의 후원을 거닐자 마음이 한가로웠다. 비 온 뒤라 후원의 풀들은 윤기가 사르르했는데, 생기를 듬뿍 머금어 보기에 좋았다. '풀' 자를 앞세운 풀꽃, 풀잎, 풀벌레, 풀베개, 풀밭, 풀숲, 풀 언덕, 풀싸움…… 도 파랄 것이다.

풀의 첫 음소音素인 'ㅍ'은 파열하는 소리를 낸다. 귀를 기울이면 풀은 'ㅍ' 소리를 내며 운다. 마치 금관악기가 내는 소리 같다. 풀에게도 발성기관이 있다면 'ㅍ'으로 시작하는 소리 밖에 낼 줄 모를 테다. 나는 초여름의 초목이 뿜어내는 향기에 취해 눈을 감고 귀를 기울여 풀들이 내는 울음소리를 들었다. 풀들이 바람에 반응하며 내는 허밍이 공중에 'ㅍ' 소리를 내며 고루 퍼진다. 풀들은 슬퍼서 울지 않고 살아 있음을 겨워하며 운다.

풀은 바람이 부는 대로 허리를 흔들며 흐느적거린다. 철없던 시절 맨발로 풀밭을 걷던 감각이 살아난다. 마음이 심란해지면 풀밭을 걸었는데, 풀밭을 걸으면 마음이 고요해진다. 한나절을 걷고 나면 맨발과 허리와 이마에 온통 풀물이 들어버린 듯한 환각에 빠진다. 푸른 정기로 가득 찬 풀물은 정수리에서 시작해 발바닥까지 내려온다. 풀물이 가장 늦게 내려오는 지점은 심장이다.

풀은 퇴폐와 광기를 모른 채 한 줌의 희망, 순진무구함, 처음의 기쁨으로 오롯하다. 퇴폐와 광기를 모르니 시인이 되기는 애당초 글렀다. 퇴폐와 광기가 일으키는 너울을 타고 넘는 게 실존이다. 퇴폐와 광기를 모르면 번뇌도 일절 없다. 누군가가 괴로워하며 잠 못 이루는 것은 번뇌가 있는 탓이다.

사람에게 마음이 있듯 풀에게는 풀의 마음이 있을 테다. 풀밭을 걸으며 마음이란 무엇인가에 대해 곰곰 생각한다. 마음은 사고, 감각, 감정을 통합하는 영역이다. 마음은 신경망에 있는 전자화학적 충동의 영역까지 포괄한다. 풀의 마음을 모른다고 풀에 마음이 없다고 말할 수는 없다.

시인 김수영은 풀의 마음을 들여다보고 〈풀〉이라는 시를 남겼다. 그는 안타깝게도 이 절창의 시를 써놓고 교통사고로 갑작스럽게 세상을 떠났다. 풀에게 마음이 있으니 풀은 울고 웃는다. 그렇다고 시름과 근심만 있는 건 아니다. 풀은 한마음으로 여러 마음을 품지 못한다. 풀은 거짓말과 권모술수를 모르고, 울고 웃을 줄만 안다. 그게 풀의 자유고, 기품이고, 의로움이다. 풀은 과거도, 미래도, 학벌도, 가문도 없지만 항상 당당하고 푸릇하다. 풀에겐 푸른 줄기와 뿌리만이 전부다. 풀은 항상 고뇌가 무엇인지를 모르는 소년이다.

   정에 맞아 깨져도 모나게 살겠으니 간섭하지 말라고 푸른 눈썹을 사납게 세우며 반항하던 시절이 있었다. 소년 시절에 나는 시를 썼다. 웬일인지 사무치는 외로움에 파묻혀 누구에게도 배운 적이 없는 시를 혼자 썼다. 먼바다를 꿈꾸며 비밀 노트에 시를 끼적이며 조지훈의 시를 줄줄 외웠다. "바다가 보이는 언덕에 서면 / 나는 작은 짐승이로다. // 인생은 항시 멀리 / 구름 뒤에 숨고 // 꿈결에도 아련한 / 피와 고기 때문에 // 나는 아직도 / 괴로운 짐승이로다. // 모래밭에 누워서 / 햇살 쪼이는 꽃조개같이 // 어두운 무덤을 헤매는 망령인 듯 / 가련한 거위와 같이 // 언젠가 한 번은 / 손들고 몰려오는 물결에 휩싸일 // 나는 눈물을 배우는 짐승이로다 / 바다가 보이는 언덕에 서면."((바다가 보이는 언덕에 서면)) 아, 소년 시절의 나는 아직 인생을 모르는 어린 짐승에 지나지 않았다. 바다를 볼 수만 있다면 거위가 되어 어기적거려도 좋으리라.

젊을 때는 늘 배움의 결핍 속에서 앎에 목말라했다. 한때는 시립도서관에서 서책들을 섭렵하며 배움을 구했다. 그랬건만 내가 읽은 분량은 바다에서 티스푼 하나쯤 떠낸 정도에 지나지 않았다. 오, 모든 책을 읽었건만 육체는 서러워라! 말라르메의 시구절에 격하게 공감한다. 앎의 궁극은 모름이다. 나는 모름에 닿아서 비로소 막힌 숨통이 터지는 듯했다.

애써 배우기를 그치면 근심이 없고, 근심이 없으니 마음이 매인 바 없이 자유로울 수 있다. 그 젊은 시절 방황하느라 세월을 허비하고 어느덧 중년을 넘어서며 인생의 희로애락을 겨우 짐작할 무렵, 아버지와 어머니가 돌아가셨다. 나는 부모님에게 큰 불효를 저질렀다. 작은 배움으로 거만해진 탓에 불효가 어리석음이라는 걸 깨치지 못했다. 부모님이 떠나시고 나니 불효를 하고 싶어도 할 수 없다. 이로써 불효자의 좋은 시절은 지나갔다.

초여름의 고궁에 서늘한 바람이 분다. 바람이 내 귓가에 살아보자고 속삭이는 듯하다. 세상은 풀들로 새파랗다. '이름 없음의 소박함'에 처하며 만물의 생명과 더불어 자생자화自生自化하는 풀들은 이름이 없지만 안과 밖이 하나가 되어 무위자연에 든다. 풀들은 이름이 없으므로 매임이 없이 자유자재에 이른다.

이름을 한자로는 '명名'이라고 적는다. 총명하고 바지런한 이는 이름 명을 이렇게 풀이한다. "저녁夕 때면 입口을 열어 불러야 한다는 것, 저녁에서야 쓸모 있어지는 게 바로 이름名이다. 명名은 바로 '분간의 필요'에 의해 처음으로 나타난 것이다."[20] 이름 없음, 즉 무명은 무, 무위, 무지, 무욕과 한통속이다. 풀들은 누가 기르지 않아도 자라고, 누가 거두지 않아도 스스로 씨앗을 맺어 생명을 이어간다.

자명한 초여름의 풀에서 도의 작용을 볼 수 없다면 눈이 먼 것일 테다. 노자는 말한다. "도는 늘 이름이 없다." 마찬가지로 풀에는 이름이 없다. 이름이 없다는 면에서 풀과 도는 닮았다. 없음은 천지의 시작을 이루고 만물은 그 없음에서 비롯한다. 만물에 이름을 붙이는 순간 존재는 이름에 예속되고 이름의 분별에 한정되어 버린다.

없음은 모든 있음을 낳는다는 뜻에서 천하의 어미

인데, 도가 바로 그렇다. 없음은 곧 이름 없음이다. 도는 만물을 낳은 이름 없음이고, 그 이름 없음을 낳은 이름 없음의 이름 없음이다. 풀이 그렇고 통나무가 그렇듯이 도는 이름이 없다. 이름이 없으니 그 누구도 도를 제 손아귀에 넣고 함부로 할 수 없다. 이름이 없으면 하찮아 보이나 이름에 매이는 바가 없이 자유로울 수 있다.

 사는 게 지루할 때면 풀들의 노래에 귀를 기울여라! 발바닥으로 풀 아래에서 꿈틀대는 대지를, 밤의 강물을, 머리 위에 있는 찬란한 하늘의 별자리를 느껴라! 살아 있는 것만큼 더 획기적인 사건은 없고, 그것만큼 위대한 진리는 없다. 살아 있음의 환희, 살아 있음의 비통함, 살아 있음의 경이로움, 살아 있음의 캄캄함이라니! 초여름의 비경을 염탐하며 고궁을 한가롭게 거닐 때 춤추는 푸른 생령들이 가르치는 게 바로 그것이다. 풀들은 노래한다, 살아 있음이 기쁨과 행복이라고!

작은 생선을
찌듯이 하라

약팽소선 若烹小鮮

큰 나라를 다스리는 일은 작은 생선을 찌듯이 하라. 도를 가지고 천하에 나서면 나쁜 귀신도 신령스럽지 못하니, 귀신이 신령스럽지 못한 것이 아니라 신이 사람을 해치지 못하는 것이요, 신이 사람을 해치지 못하는 것이 아니라 성인도 사람을 해치지 못하는 것이다. 이 둘(사람과 귀신)이 서로 해치지 않으므로 덕이 서로에게 돌아간다.

_《도덕경》 60장

불행하게도 아들이 태어나는 순간 나는 그 자리에 함께 있지 못했다. 아이의 '첫' 울음소리를 듣지 못했다. 일하느라 정신이 없었던 탓이다. 세월이 흘러도 아이가 태어나는 순간을 지켜보지 못한 것에 대한 일말의 후회와 회한이 좀체 사라지지 않는다.
 첫이란 시작이며, 격류고, 혁명이다. 첫은 떨림이고, 설렘이며, 기쁨이다. 나의 첫은 언제나 예기치 않음에서 비롯했다. 첫눈, 첫 키스, 첫 도보여행, 첫 실패, 첫 불량소년 입문, 첫 결심, 첫 시집, 첫 직장, 첫 실연, 첫 무릉도원. 모든 첫은 봉인된 운명이다. 봉인되었으므로 그것은 미지다. 첫이라는 관冠을 쓰고 오는 미지의 것들은 청순하고 달콤하고 쓰디쓰다. 첫이 씨앗이라면 끝은 열매일 테다.

 초여름은 첫 여름이다. 첫 여름은 연두에서 녹색으로 진화한다. 단풍나무와 단풍나무 사이, 뽕나무와 뽕나무 사이로 푸른 해류가 흐른다. 이 푸른 해류에 은하수가 내려앉는다. 자정 너머 은하수는 야광충 무리로 흩어져 흐른다. 여기저기 반짝반짝. 몇십 마리, 몇백 마리. 작은 야광충 무리가 군무를 추는 밤은 야시장처럼 활기가 넘치고 풍성하다. 공중에서 빛을 내며 날아다니는 야광충을 귀신으로 오해한 여인은 잠들었다. 여인은 배 속에 나를 열 달이나 숨기고 있었다고 주장한다. 나는 늙은 여인이 잠들고 한참이나 잠 못 든 채 어둠 속을 서성인다.

 주목 십여 주가 서 있는 뜰에는 밤에도 샘이 솟고, 백여 마리의 백조들이 와서 운다. 나는 혼자 깨어서 이 어둠에 퍼진 죽음의 방향을 들이마신다. 좋아하는 젊은 벗들이 모여서 만든 연못에는 부들과 노랑어리연꽃과 수련이 자란다. 부들은 푸르고, 노랑어리연꽃의 앙증맞은 잎들은 번져 연못을 뒤덮는다. 수련의 잎은 넓고 노랑어리연꽃의 잎은 아기 손바닥만 하다. 벚나무에서 버찌가 익고, 앵두나무에서 앵두가 여무는데, 버찌는 검고 둥글고, 앵두는 빨갛고 둥글다.

 텔레비전 코드를 뽑고, 검은 전화선을 빼라. 천형의 벌을 받아 우는 저 밤새의 볼륨을 한껏 키우고 울음소리에 귀를 기울여라. 밤공기를 흔드는 밤새의 울음소리에 내 두개골을 씻으리라. 지금 풀숲에는 유혈목이 여섯 마리가 숨어 있고, 그 옆에서는 개구리 서른세 마리가 몸을 붙인 채로 운다. 공중에 뜬 달이 유혈목이와 푸른 개구리들이 숨어 있는 풀숲을 비춘다.

 달의 조도照度를 올려라. 지구에 불시착한 무명인이 문명인을 꿈꾸기도 했지만 지금은 다 작파하고 오류선생 제자 노릇을 할 뿐이다. 나는 그 무엇도 아니다. 고작해야 음식을 담는 포댓자루거나 6리터의 혈액을 담은 혈액 보관함이다. 지금은 상형 문자를 해독하며 제 밥을 혼자 끓이는 은둔 짐승이다.

 수많은 구름이 흘러가지만 같은 구름은 없다. 선사

시대 무렵 내 몸이었을 지도 모르는 저 구름들! 구름은 내일의 무덤이자 오늘의 사건이다. 동풍이 서쪽으로 구름을 밀 때 나는 온화한 태도를 갖고자 한다. 물과 땅과 나무들의 세계에서 나는 점점 이 삶에 동화되어 익숙해진다.

나는 첫 시골에서는 천진난만한 야만인이었고, 첫 무릉도원에서는 비전향 무기수였다. 산다는 건 흉측한 불운인가, 아니면 불가피하게 아름다운 운명인가. 나는 오로지 스스로의 속세일 따름이다. 태양력의 세계에서 걷고, 말하고, 먹고, 사람을 만난다. 때때로 척추를 세우고 걷는 직립 인간으로서 내 삶이 낯설기도 하다. 나는 나 자신의 진부한 재고在庫거나, 번개처럼 찰나에 나타났다가 사라지는 비범한 타자他者다. 해 질 녘이면 한사코 어디론가 숨고 싶어 한다.

바른 정치란 바르지 않은 것을 바르게 함으로써 그치는 게 상책이다. 함이 없는 함으로 다스리는 것, 즉 도와 덕을 바탕으로 하는 정치일 테다. 반대로 자주 법령을 만들고 작은 것까지 간섭하는 일은 가장 나쁜 정치의 예가 될 것이다. 노자는 말한다. "큰 나라를 다스리는 일은 작은 생선을 찌듯이 하라." '소선小鮮'은 작은 생선이고, '팽烹'은 생선을 삶거나 구워 익힌다는 뜻이다. 작은 생선은 하찮은 것을 두루 포괄한다. 성인은 큰 나라를 다스리는 일도 미미하고 하찮은 것을 섬기듯 하라고 한다. 작은 생선을 익힐 때 자주 뒤적거리면 생선이 불판에 달라붙어 부스러진다. 결국 생선 자체도 볼품없어진다. 작은 생선을 제대로 굽거나 찌려면 생선의 형태가 그대로 유지되면서 골고루 익도록 해야 한다.

뿌리를 박되
튼튼하게 하라

심근고저 深根固柢

사람을 다스리고 자신을 닦는 데 검약보다 더 좋은 것은 없다. 검약하면 일찌감치 도를 따르게 되고, 도를 따르는 것은 끝없이 덕을 쌓는 일을 이른다. 끝없이 덕을 쌓으면 하지 못함이 없다. 하지 못할 일이 없으면 그 한계도 알 수가 없다. 그 한계를 알 수 없으므로 나라를 차지하고, 나라를 지키는 도를 가지고 있으면 오랫동안 유지할 수 있다. 이것이 바로 뿌리를 깊고 튼튼하게 하며 오래 살고 멀리 보는 도의 길이다.

_《도덕경》 59장

초여름 서운산 초목들은 울울창창하다. 초목들은 늠름한 기상으로 우리의 정신을 맑게 한다. 산 능선을 따라 걷는 일은 시골살이에서 누리는 지복 중 하나다. 바람은 산들산들, 숲은 흔들흔들, 새는 쪼르릉 쪼르릉. 눈과 귀를 즐겁게 하는 자연이 없었다면 시골살이의 고적함을 어찌 견딜 수 있었을까 싶다.

프랑스의 사회학자 다비드 르 브르통은 걷는 의미에 대해 이렇게 말한다. "걷기는 세계를 느끼는 관능에로의 초대다. 걷는다는 것은 세계를 온전하게 경험한다는 것이다."²¹ 두 다리로 땅을 딛고 걸을 때 우리는 비로소 몸의 존재임을 실감한다. 이 말은 현대의 이동 수단들에 맡겼던 경험의 주도권을 되찾고 몸의 관능, 몸으로 사는 것의 기쁨을 되찾는다는 뜻이다. 우리는 걸음으로써 직립 인간의 본성을 되찾고 존엄을 누린다. 이 실감으로 우리 영혼이 부패하거나 누추해지는 것을 막아낸다.

여름의 초입에 서운산 능선을 고즈넉이 걸으며 17세 소년의 한 일탈을 떠올린다. 그 일탈이란, 인생의 목적함수에 대한 고뇌로 방황하다 고등학교를 그만두고 동해안의 작은 항구도시로 도망을 한 것이다. 그곳에는 바다가 있었고, 이모가 살고 있었다. 나는 동해안의 죽변항에 사는 이모를 찾아가 몇 달을 지냈다. 이모는 꽃게를 찌고 생선을 구우며 끼니때마다 맛있는 걸 해 먹이지 못해 안타까워했다. 생전 처음 바다를 만났고, 고추냉이에 찍은 생선회를 맛보았다. 작은 포구의 한가로운 극장에서는 하루에 한 차례만 영화를 상영했는데, 상영 직전에 유행가를 틀었다. 그때 들었던 유행가는 이수미라는 가수가 부른 〈여고 시절〉이다. 어린 조카를 내치지 않고 품어준 이모에 대한 고마움을 나는 오래도록 품었다.

이모란 어머니의 자매들을 부르는 호칭이다. 이보다 더 다정하고 정겨운 호칭은 없다. 우리가 겪은 이모들은 넓은 다정함과 비상한 포용력을 보여주었다. 이모에 대한 이상한 신념 같은 걸 갖고 사는 이유는 세상의 이모들이 과일이 주렁주렁 열린 신기한 나무와 같기 때문이다. 이모들은 조카들에게 늘 그 과일을 따서 주곤 한다.

이모라고 나지막하게 발음하면 가슴이 따뜻해진다. 세상의 이모들은 홍학이나 모란꽃같이 아름답다. 삶이 고달파도 이모들은 위엄과 우아함을 잃지 않는다. 생의 무게를 지탱하며 걸어가는 것은 이모나 조카나 마찬가지일 텐데, 어쩐 일인지 이모들의 삶이 넉넉함의 규모가 더 크다.

이모의 가슴에 얼마나 많은 슬픔의 이랑들이 있는지 모른다. 이모들은 슬픔은 모르고 꿈결 같은 세월을 산다. 이모들의 세계는 죄나 파렴치 따위는 아예 없고 오로지 다정함과 사랑으로만 이루어진다. 세상의 이모들은 늘 자신의 것을 덜어 조카를 돌본다. 조카들의 눈에 비친 이모들은 필경 천사들이 변신하여 조카들을 돌보는 것처럼 보인다.

세월이 흘러 꽃다운 시절을 흘려보낸 이모는 이제 늙어 퇴행성 관절염으로 고생한다. "한때 연애를 하고 / 배꽃처럼 웃었기 때문에 / 더듬거리는 / 늙은 여자가 되었다."[22] 채송화 같고 종달새 같던 이모는 어디로 갔을까. 덧없이 늙은 여자가 이모라니! 꽃다운 이모들이 늙는 건 받아들이기 힘든 사태다.

나이가 들면서 우리는 세상이 선의와 다정함만으로 이루어진 게 아니라는 걸 깨닫는다. 자정 넘은 시각, 술집 화장실의 변기를 부여잡고 토할 때나 물기 어린 눈으로 울긋불긋한 토사물을 물끄러미 내려다볼 때 세상의 악의와 매정함에 몸서리를 치며 이모를 떠올린다. 사는 것은 고단한 일이구나! 저와 아무 연고도 없는 나이 든 여자를 향해 '이모!'라고 부르는 사내들에겐 잃어버린 다정함, 잃어버린 평화를 찾으려는 애틋함이 깃든다. 우리는 아무리 나이를 먹어도 이모 앞에서는 철부지 어린애에 지나지 않는다.

서울로 돌아왔지만 학교로는 돌아가지 않았다. 열일곱 때 내가 떠안았던 고뇌와 절망은 어디에서 연유했던 것일까? 그 절망의 내역이 무엇이었는지는 희미해졌다. 다만 뼈가 타들어가는 듯하던 고통은 생생하다. 나는 이렇게 부르짖었던가? 우리의 가장 깊은 절망 속에서 누군가가 부르짖는다. "나는 절망하지 않는다. 나는 당신의 머리를 휘어잡고, 당신의 몸에서 나 자신을 빼내고, 나 자신을 대지에서 떼어놓는다. 나는 머리나 이름이나 행위 안에 갇혀 있을 수가 없다! 우리의 가장 넉넉한 덕성에서 누군가가 절망에 차서 몸을 세우며 부르짖는다. '덕성은 너무나 좁아 숨을 쉴 수가 없다. 천국도 작아 나를 감싸안을 수가 없다! 당신의 신은 사람을 닮았다. 나는 그를 원치 않는다.'"[23]

　사람들은 나무의 줄기와 잎, 꽃과 열매를 보고 그게 나무의 전부라고 생각하지만 그것은 나무라는 실재의 절반에 불과하다. 나머지 절반은 땅 밑에 숨어 있다. 나무의 뿌리는 땅속에서 잎과 줄기에 부지런히 수액을 공급한다. 뿌리가 퍼 올리는 수액이 없다면 나무의 의연함이나 싱그러움은 있을 수 없다. 그러니 세계에 실재하는 푸르름은 보이지 않는 것에 의해 지탱된다고 말할 수 있다.

뿌리가 없다면 푸르고 늠름한 가지를 늘어뜨린 나무도 바로 서 있을 수 없다. 나무는 바람을 이길 만큼 뿌리를 깊이 박아야 한다. "뿌리를 박되 튼튼하게 하라"라는 노자의 어록을 한비는 이렇게 해석한다. "나무에는 '사방으로 퍼져나간 뿌리蔓根'가 있고 줄기 아래로 '곧장 뻗는 뿌리直根'가 있다." 직근은 나무의 생명을 떠받치는 '저柢'다. 이 바탕이 없다면 나무는 바로 설 수 없고 생명을 이을 수도 없다. 생명을 세우는 기초인 뿌리를 땅속 깊이 박은 나무라야만 잎과 열매가 볼품이 있다.

사람도 눈에 보이지 않는 '뿌리 사람'이 튼튼해야 '겉 사람'의 기상이 살아 있고, 수려한 기품을 나타낼 수 있다. 성인이란 뿌리 사람이 단단한 사람을 일컫는다. 덕으로 사람을 기르고 구원하는 일은 성인의 일이다. 좋은 사람이 된다는 것은 사람을 잘 구원하는 사람이 된다는 뜻이다. 그러려면 무엇보다도 먼저 덕이 두터운 뿌리 사람이 되어야 한다. 추위에 얼어 죽거나 굶주려 죽는 사람이 있다면 그를 품지 못한 사회 전체의 잘못이다. 덕이 두텁지 못한 사회는 어딘가 잘못된 사회다. 제 잇속을 채우는 일에만 급급해 도덕적 책무를 다하지 못한 사람들만 모여 산다면 필경 악이 득세하는 사회가 될 것이다.

덕이 두터우니
갓난아이와 같다

함덕지후含德之厚

덕을 두텁게 품은 사람은 갓난아이와 같다. 갓난아이는 벌이나 전갈이나 독충에 쏘이지 않고, 맹수가 덮치거나 사나운 새들이 공격하지 않는다. 뼈는 약하고 근육은 부드러우나 쥐는 힘은 세고, 수컷과 암컷의 교합을 모르더라도 음경이 발기하는 것은 정기가 지극한 탓이다. 종일 울어도 목이 멀쩡한 것은 화기가 지극한 탓이다. 조화를 아는 것을 일러 '상常'이라 하고, 상을 아는 것을 일러 '명明'이라 하며, 제 삶을 이롭게 치중하는 것을 '상祥'이라 하고, 마음이 기를 부리는 것을 '강强'이라 한다. 만물이 장성하면 쇠하게 되니, 이를 일컬어 도가 아니라고 한다. 도가 아닌 것은 서둘러 그만두어야 한다.

_《도덕경》 55장

　동심은 어른들이 잃어버린 무지개다. 아이들은 제 마음의 무지개를 따라가지만 어른들은 제 욕망을 따라간다. 그 결과는 사뭇 다르다. 무지개를 따라간 아이들은 기쁨과 행복을 얻지만 욕망을 따라간 어른들은 씁쓸한 허무와 권태에 닿는다. 어린아이나 어른은 무지개를 품고 있다는 점에서 같은 항온 동물이다. 하지만 둘은 본질에서 다른 종이다. 어른도 한때는 이 무지개와 더불어 살지만 나이가 들면서 까맣게 잊어버리고 만다. 동심을 잃은 뒤 사람들은 부끄러움을 알고, 죄의식이나 뻔뻔함 같은 병을 품는다.

예술가들은 동심을 훔치는 예외적인 존재들이다. 모차르트가 주는 음악의 동심과 이어져 있다. 이중섭과 장욱진의 그림을 볼 때 심장이 마구 뛰는 것은 우리가 잃어버린 노스탤지어를 불러오는 까닭이다.

동심은 기하학으로 보자면 원圓이다. 이 동그란 세계는 천진난만, 놀이의 즐거움, 새로운 시작들로 가득 차 있다. 어린아이들은 지치지 않고 놀이에 열중하고, 미래와 과거를 모른 채 현재에 집중한다. 어린아이들이 까르륵거리며 웃을 때 마치 빛에 감싸인 듯하다. 그 웃음은 시원始原의 파동, 태초의 아침으로 다가온다.

세계란 시간의 폐허에 지나지 않는데, 어린아이들은 제 파동으로 이 늙은 세계에 새로운 피를 수혈한다. 어린아이들의 웃음과 약동이 없다면 세계에는 꽃과 나무가 더는 자라지 않을 테고, 낡은 껍질을 벗지 못할 테다. 결국 세계는 허물을 벗지 못하는 뱀이 죽듯이 곧 낡아 사라질 것이다.

동심의 상상이 빚는 것은 완전무결한 왕국이다. 어른들은 그 왕국에서 속계俗界라는 황량한 곳으로 내쫓긴다. 나이를 먹으면서 동심을 잃은 이후의 삶은 정말 끔찍하다. 우리는 웃음을 잃고 저마다의 고치 속에서 우울이란 지병을 앓는다. 동심을 잃고 늙어버린 탓이다. 동심을 잃고 난 뒤 비로소 그 가치를 깨닫는 어른들은 괴로움을 잊으려고 망각으로 도피한다.

어린아이는 선악의 분별이 없고, 알고 모름의 경계도 없다. 그러므로 어린아이는 지극한 존재다. 노자는 말한다. "덕을 두텁게 품은 사람은 갓난아이와 같다." 어린아이는 뼈가 약하고 근육은 부드럽다. 그러나 이 연약한 존재는 무쇠처럼 강하다. 덕을 두텁게 품고 무위자연이라는 도를 실행하는 존재이기 때문이다. 어린아이는 조화를 알고, 스스로 밝으며, 상서롭고, 굳셈을 아는 존재다. 만물은 장성해 쇠퇴하지만 어린아이는 연약함과 부드러움 속에 머문다. 종일 울어도 목이 잠기지 않고, 종일 뛰어놀아도 피로하지 않다. 살아 있음은 부드러운 여림에 있고, 죽음은 굳셈과 강함에 있을 뿐이다. 우리는 태어날 때 한없이 여리고 부드럽지 않았던가? 뼈가 자라면서 뻣세지고 살은 굳어지지 않았던가? 부드러움과 여림은 생명의 현상이요, 굳고 강함은 죽음의 현상이다.

어린아이는 인간 존재의 뿌리다. 그러니까 어린아이는 존재의 원형이고 시원이다. 어른이 된다는 것은 그 뿌리에서 멀어짐이고, 무지와 기쁨, 항상 새로 시작함과 순진무구함에서 이탈해 멀리 나아간다는 뜻이다. 어른이 의롭지 못한 것은 그것이 어린아이의 타락이자 죽음의 존재태인 까닭이다.

어른은 뻣세지면서 진화를 멈춘다. 우리 안의 어린아이는 멈추지 않은 채 생명의 진화를 지속한다. 어른이 된다는 것은 죽음의 행태에 가까워지는 것이다. 오직 어린아이만이 천진무구한 채로 생을 누릴 수 있는데, 그것은 어린아이들이 도의 덕목에서 벗어나지 않은 채 실행하는 덕분이다.

결국 뿌리로 돌아가니
이는 맑고 고요함이다

귀근왈정 歸根曰靜

완전한 비움에 이르게 하고 참된 고요함을 지키라. 만물이 함께 일어나니, 나는 만물의 돌아감을 본다. 만물은 무성히 자라고 저마다 그 뿌리로 되돌아간다. 뿌리로 돌아감을 고요해졌다고 말하며, 이것을 일러 하늘의 운명을 따른다 한다. 하늘의 운명을 따르는 것을 늘 변하지 않는 것이라 하고, 늘 변함없는 것을 알면 밝다고 한다. 늘 변함없는 것을 알지 못하면 어긋나서 몹시 험하고 나쁘게 행동한다. 늘 변하지 않는 것을 알아 받아들이면 받아들인 모두는 같아진다. 모두 같아진 것이 세상의 으뜸이요, 세상의 으뜸이 하늘이다. 하늘은 곧 도이니, 도는 오래 변함이 없다. 이 도에서 어긋나지 않는다면 죽을 때까지 위태롭지 않다.

_《도덕경》 16장

오후에는 돗자리와 책 한 권을 들고 숲속에 들어가서 한참을 보내다가 오기도 한다. 숲속 그늘에 돗자리를 펴고 맹렬하게 울어대는 매미 소리를 들으며 책을 읽는다. "밤의 근간에서 / 빠져나온 악사樂士들 / 가무일체 일생도 한 철로 끝장이다. // 늦가을 산책길 어귀 / 여기저기 / 죽은 매미들."(졸시, 〈매미들〉) 숲속에서 매미 소리를 들으며 책을 읽다가 문득 '이 순간'을 생각한다. 사람은 지금 이 순간을 사는 존재다. 밥을 먹고 있든지, 차를 마시며 얘기를 하고 있든지, 지리산 노고단 길을 걷고 있든지, 삶은 지금 이 순간의 일이다. 삶은 이 순간에 일어나는 실행에 대한 각성이다.

지혜로운 사람은 삶이 항상 바로 이 순간이란 깨달음을 이렇게 전하고 있다. "언뜻 보면 지금 이 순간은 그저 수많은 순간들 중 하나에 불과한 것으로 보인다. 그리고 삶의 하루는 여러 가지 일들이 일어나는 수천 개의 순간으로 이루어져 있는 것처럼 보인다. 하지만 좀 더 깊이 들여다보라. 지금부터 영원에 이르기까지 존재하는 것은 오직 한 순간밖에 없지 않은가? 삶은 언제나 '이 순간'이 아니던가?"[24] 삶은 이 순간에 출현할 뿐, 다른 곳에서는 일어나지 않는 현상이다.

에크하르트 톨레는 명상과 내면 여행을 떠나 깨달음을 얻은 사람이다. 그는 삶이 바로 지금 이 순간의 것이며, 그것을 벗어나면 진정한 삶은 없다고 말한다. 그는 이 순간을 고요로 채우고 사는 지혜에 주목한다. "고요한 순간을 주목하라. 하나의 생각이 가고 또 하나의 생각이 아직 다가오기 전의 고요한 순간, 대화 중 생겨나는 짧고 고요한 공백, 피아노나 플루트 연주곡을 들으면서 음과 음 사이에 존재하는 고요한 순간, 그리고 들숨과 날숨 사이에 존재하는 고요한 순간을 주시하라."[25]

　잡다한 생각이 고요를 방해한다면 그것을 내려놓아야 한다. 생각이 끊어진 적멸의 자리에서 본원적인 '나'로, 맑은 마음으로 돌아가야 한다. 존재의 심연이 고요로 채워진 까닭이다. 진정한 지혜는 고요한 순간에만 날개를 펴고 내려앉는다.

　　　조주 문하의 혜각은 임천의 숭수원에 갔다가 법안의 물음을 받는다.
　　　"조주 화상께서 '조사가 서쪽에서 오신 뜻이 무엇입니까?'라는 물음에 '뜰 앞의 잣나무다'라고 대답했다고 들었는데, 과연 그게 사실입니까?"
　　　"그런 일은 없습니다."
　　　조주 선사의 직계 제자인 혜각은 곧바로 부인했다.
　　　"운수행각하는 납자들이 모두 그런 얘기를 하는데, 직계 제자인 당신은 그런 일이 없다고 하는군요. 그렇게 말하는 까닭이 무엇입니까?"

"조주 선사께서는 그런 말을 한 적이 없습니다. 자꾸 그렇게 말하는 것은 조주 선사를 욕뵈는 일입니다. 부디 달리 생각지 말아 주십시오."

법안이 혜각을 두고 "과연 참된 사자 새끼는 사자 소리를 내는 법이다"라고 크게 칭찬했다.

사자 새끼가 사자 소리를 내는 것, 이것이 고요다. 나는 사자 새끼가 아닌데도 사자 소리를 내고자 했다. 이것이 내 인생의 첫 오류다. 그것을 몇십 년째 품고 살았는데, 가시를 품은 듯 아픈 세월이다. 어느 날 그 오류의 블랙홀에서 울려 나오는 한 소식을 들었다. "맑고 고요하면 천하가 바르게 된다淸靜爲天下正."(《도덕경》 45장) 곳곳에서 사자 새끼들이 사자 소리를 내며 운다. 나는 몽둥이를 들어 사자 소리를 흉내 내는 것들을 내리친다. 세상이 비로소 고요하다. 이게 고요 이후의 고요다.

조사께서 서쪽에서 오신 뜻이 무엇입니까?
뜰 앞의 잣나무다.

고요에 닿을 수 없다면 나는 고요를 깨버릴 것이다. 여기저기서 쫑알거리는 고요들. 몽둥이를 들어 곳곳에서 고요라고 주장하는 것들의 머리를 깨부순다. 고요는 비움에서만 가능하다. 마음이 욕심으로 차 있으면 고요는 들어서지 못한다. 욕망을 비운 마음자리에 그윽하게 차오르는 게 바로 고요다. 고요는 감흥도, 파토스도 아니다. 다만 사물들 사이의 평화이며 질서고, 리듬이다.

고요는 혼란의 살해이고 무질서의 파괴다. 아울러 견고한 강령들의 해체다. 그러므로 사람은 고요에의 의지로 고결해질 수 있다. 고요해진 뒤 보이는 것이 있고, 보아야만 사랑할 수 있을 테다. 바라봄은 고요의 촉수들이 이 세계를 향해 내미는 수줍은 초대장이다. 사랑은 고요에서 싹튼다. 어쩌면 사랑은 고요가 일으키는 시끄러운 사건이다.

사람은 고요 속에서 내면 형상이 바뀐다. 고요는 내적 혁명의 단초다. 그것은 고요가 내면의 동력학이 빚는 능동 가치이기 때문이다. 아무것도 하지 않는 자, 가만히 있는 자에게 고요는 오지 않는다. 고요는 능동의 동력이다. 고요한 자만이 제 삶을 혁명할 수 있다. "고요 속에서 우리는 부단히 묻고 절망 속에 꿈꾸면서 변모되어 간다. 꿈꾸는 자의 집은 고요이고, 그가 움직이는 방식은 성찰이다. 홀로 있는 고요함이 존재의 결핍을, 현존의 누락을 살펴 묻게 하는 것이다."[26] 고요는 마음의 실행으로 이어질 때 제 존재를 파릇하게 드러내며 빛난다. 그것은 마음의 가능성을 열고, 실천의 계시로 나아가며, 아직 아무것도 아니게 되므로 갱신의 눈부심에 이르게 하는 것이다.

자, 어느 날 고요의 초대장을 받았다고 하자. 고요가 사는 집은 마당에 잔디가 깔려 있고, 돌벽은 담쟁이 넝쿨로 덮여 있다. 우리는 고요의 문 앞에서 인기척을 내야 한다. 그래야만 거기 사는 적막이 옷매무새라도 만지고 우리를 마중 나올 수 있기 때문이다. 고요는 옛날이다. 옛날 속의 스러짐이다. 고요가 지나간 자리는 황폐하다. 그 폐허 속에서 달빛과 모기와 먼지들이 소찬을 벌이기도 한다. 우리가 고요에 초대받는다면, 무거운 머리와 헐벗은 두 손은 고요에 맡겨도 좋으리라.

노자는 고요 예찬론자다. 도의 몸통은 아무것도 없

음無이고, 그 작용은 텅 비어 있음虛이다. 노자는 말한다. "완전한 비움에 이르게 하고 참된 고요함을 지키라致虛極, 守靜篤" 도의 몸통과 작용이 그러하기에 거기엔 시끄러움이나 번잡함이 깃들 여지가 없다. 고요함은 하지 않음으로 함을 일삼는 무위자연의 현실태다. 도는 천지를 낳되 그것을 쥐지 않고, 천지를 움직이지만 그것에 앞서 저를 도드라지게 하지 않고, 천지를 기르지만 앞서서 이끌지는 않는다. 도는 고요함으로 존재할 뿐. 도는 고요함으로 천지의 생성과 양육에 작용한다. 이때 고요함은 허와 무의 오묘한 움직임이다.

고요에서 생겼다가 뿌리로 돌아가는 이 순환이야말로 하늘의 뜻에 따르는 것이다. 고요에서 벗어나는 것은 하늘의 뜻을 거스르는 일이고, 이는 도에 어긋난다. "이루되 꼭 필요한 만큼 이루고, 이룬다고 억지로 해서는 안 된다. 강대해지면 곧 늙으니, 이를 일러 도에 맞지 않는다고 한다. 도에 맞지 않으면 일찍 끝난다果而不得已, 果而勿强, 物壯則老, 是謂不道, 不道早已."《도덕경》30장) 도가 아니면 일찍 끝난다는 말은 얼마나 무서운가! 도에 어긋나는 이룸은 불행을 품는다. 다시 말해 자연 수명을 누리지 못한 채 일찍 죽는다. 이런 끔찍함은 자아와 타아, 나와 세계 사이의 조화를 잃는 까닭이다. 무위에서 벗어남으로써 위기가 닥친다. 강성해지는 것은 욕망의 준동에서 비롯한다. 이는 정기를 잃는 것이다. 노자는 그 끝이 죽음이라고 단언한다. 사람들은 크고 강해지는 것을 욕망하는데, 그 과정에서 생명의 부드러움과 허정虛靜을 헌신짝처럼 내다 버린다. 존재 본래의 부드러움을 잃는 것은 억지로 하려 함 때문이다. 무위에서 벗어나는 것은 도에 맞지 않는 길로 들어서는 것을 뜻한다.

    욕심과 집착에서 벗어나야 비움에 이르고, 비움에 이르러야 고요함의 독실함을 지킬 수 있다. 노자는 말한다. "뿌리로 돌아감을 고요해졌다고 말하며, 이것을 일러 하늘의 운명을 따른다 한다歸根曰靜, 是謂復命." 고요는 도의 뿌리로 이끄는 동력이자 그 질료다. 고요에 머무는 것이 도를 따르는 길이라면 이 실행은 머리를 써서 꾀를 억지로 짜내지 않고 자연스럽게 이루어져야 한다. 꾀를 짜내는 것은 스스로 그러함에 처하지 못한 채 인위 속으로 빨려 들어가는 행태에 지나지 않는다. 만일 이 도에서 어긋나지 않는다면 죽을 때까지 위태롭지 않겠지만, 이것에서 벗어나면 우리 생명은 일찍 끝난다는 노자의 말을 마음에 가만히 새긴다.

말을 아끼는 게
자연의 덕이다

희언자연 希言自然

말을 적게 함이 자연스러운 것이다. 자연은 주장하는 바가 없으므로 회오리바람은 아침나절 내내 불지 못하고, 소나기는 하루 종일 내리지 못한다. 누가 그것들을 이렇게 하는가? 천지이다. 천지도 오히려 지속될 수 없거늘 하물며 사람에 있어서라! 그러므로 도에 종사하는 것이니 도를 깨우친 사람은 도와 같아지고, 덕을 얻은 사람은 덕과 같아지며, (도나 덕을) 잃어버린 사람은 잃음과 같아진다. 도와 동화된 자는 도 또한 즐겁게 그를 얻고, 잃어버린 자는 잃어버린 것 역시 즐겁게 그것을 얻는다. 믿음이 부족하니 불신이 생기는 것이다.

_《도덕경》 23장

    곤란困難은 사정이 몹시 딱하고 어렵다는 뜻이다. '난難'이란 한자는 "새가 진흙에 빠져 있어 빠져나오기 어려움"을 기호화한 문자다.[27] 새가 진흙에 빠졌으니 헤쳐 나오려면 힘깨나 써야 할 테다. 진흙에 빠진 새처럼 고달픈 처지에 이르는 것을 좋아할 사람은 없다. 이러한 처지를 피하려는 게 인지상정이지만 피하고 싶다고 해서 피해지는 건 아니다. 살다 보면 불가피하게 곤란한 지경을 만나고, 또 그것을 극복하며 인격이 단단해진다. 애써 곤란한 지경에 빠질 일은 아니되, 곤란한 지경을 만났으면 인격을 다질 좋은 기회로 삼아야 한다.

조주 선사가 젊은 사미였을 때 스승에게 "도란 무엇입니까?" 하고 물었다.
"도는 평상심이지."
"어떻게 하면 평상심에 이를 수 있습니까?"라고 다시 묻자 스승이 대답했다.
"거기에 이르고자 한다면 이미 잘못된 길에 들어선 셈이다."
젊은 사미들이 편이 갈려 설왕설래하며 다투었다. 우연히 얻은 고양이를 두고 서로 제 것이라고 우기며 싸웠다. 사미들이 조주의 스승 남전에게 이 사태를 일러바치고 판결을 맡겼다.
"누구라도 바른말을 한다면 이 고양이를 살릴 것이요, 아니라면 죽이겠다."
사미들이 남전의 말을 듣고 서로 눈치를 보며 감히 입을 열지 못했다. 남전이 칼을 들어 고양이를 두 동강 내버렸다.
조주가 돌아왔을 때 남진이 사미들의 다툼을

입에 올린 뒤 제자 조주에게 물었다.

"너라면 어떻게 하겠느냐?"

조주는 남전의 물음에 아무 대답도 하지 않고 제 짚신을 벗어 머리에 이고 걸어 나갔다. 남전이 호탕하게 웃으며 무릎을 쳤다.

"네가 있었다면 능히 고양이를 살렸을 것을" 하며 아쉬워했다.

사미들은 곤란을 피하지 못했고, 조주는 곤란을 벗어났다. 그 차이는 어디에서 비롯되었을까? 조주는 스승의 물음에 아무 대답도 하지 않았다. 그리고 제 짚신을 벗어 머리에 이고 걸어 나가는 것으로 대답을 대신했다. 조주는 말이 아니라 실행을 보였다. 이것이 조주의 깨달음이다. 조주는 여러 사미의 수준을 이미 뛰어넘은 것이다. 조주가 깨달음을 얻고 유명해지자 여기저기서 그를 찾는 사람이 많아졌다.

한 스님이 조주가 머무는 절을 방문했다. 조주 앞에 나서서 "스님, 빈손으로 왔습니다!" 하고 인사를 했다. 조주가 그의 얼굴을 빤히 들여다보며 말했다.

"들고 있는 그거 내려놓으시지!"

"아무것도 갖고 온 게 없는데요. 뭘 내려놓으시란 말씀이신지요?"

"그럼 계속 들고 있게나!"

조주에게 한 방 얻어맞은 그는 멍하게 한참을 앉아 있었다.

한 중이 조주 선사를 시험하려고 물었다. 그가 짜낸 계교가 다음과 같은 질문이다.

"스님, 부처가 누구입니까?"

조주가 기습하듯 중에게 물었다.

"누가 너냐?"

조주는 중이 던진 덫을 다시 되돌려주었다. 그 물음에 중은 할 말을 잊은 듯 우두커니 서 있다가 깨달음을 얻었다.

말들은 침묵의 세계라는 뿌리에서 솟아난다. 입 밖으로 나온 말은 공중을 떠돌다가 침묵의 세계로 돌아간다. 말은 생각과 실행 사이에 머무는 관념이다. 우리 입에서 나오는 말이 항상 진실이거나 진리일 수는 없다. 말이 그릇된 욕망이나 거짓과 위선에 오염되어 발화되는 까닭이다. 말이 많아질수록 진리에서 멀어진다. 노자는 말한다. "말을 적게 함이 자연스러운 것이다希言自然." 말이란 뜻을 전달하는 수단이자 의견을 표명하는 일이다. '희언希言'은 들릴 듯 말 듯한 말이다. 이 맥락에서는 무언無言이나 불언不言에 더 가깝다. 자연은 제 주장을 드러내는 일이 없으니 고요하다. 그 속에 말 없음으로 있는 게 자연의 법을 따르는 일이다.

    동양의 현자들은 항상 말을 아끼라고 조언한다. 공자가 말한 눌언訥言이나 한비가 말한 난언難言은 노자의 희언希言과 닮았다. 그 말들은 불언이라는 뜻으로 수렴될 수 있다. 지혜로운 사람은 자연을 본받아 말을 아낀다. 진리를 품지 못한 말은 뜻 없는 웅얼거림에 지나지 않는다. 말의 아름다움은 진리가 말에 의지해서 실체를 드러내는 찰나뿐이다. 침묵은 자연의 것이고, 말은 인간의 것이다. 만물을 뒤흔들고 요동치게 만드는 회오리바람이나 세상을 순식간에 허둥지둥하게 만드는 소나기는 항상 그러한 자연의 도를 벗어난다. 그러나 오래 가지 못한다. 노자는 말한다. "자연은 주장하는 바가 없으므로 회오리바람은 아침나절 내내 불지 못하고, 소나기는 하루 종일 내리지 못한다故飄風不終朝, 驟雨不終日."

말이 많아지는 사태는 제 주장과 논리를 세우는 과정에서 불가피하다. 말들이야말로 인위로 만들어진다. 노자는 인위가 자연의 도와 덕을 따르는 것이 아님을 분명하게 밝힌다. 말만 많은 이들은 대개 남을 속이려는 사람이다. 그럴 듯한 교언은 세상을 속이는 말이다. 말이 많은 자는 말로 탈이 나고, 말을 앞세우는 자는 말로써 패망한다. 타인의 신뢰는 말보다는 실행에서 두터워지는 것이다.

높으면 누르고
낮으면 들어 올린다

고자억지 하자거지 高者抑之 下者擧之

하늘의 도는 활을 당기는 것과 같다. 활대가 높으면 누르고 낮으면 들어 올린다. 남는 힘을 덜어내고 모자라는 힘은 보태준다. 하늘의 도는 남은 것을 덜어서 부족한 것을 채우는데 사람의 도는 그렇지 않다. 오히려 부족한 데서 덜어내어 남는 쪽을 보태고 받들어 섬긴다. 누가 능히 남는 것을 가지고 천하를 받들어 섬기겠는가. 오직 도를 가진 자만이 그렇게 할 수 있다. 이런 이치로 성인은 무엇을 이루고도 그것을 소유하지 않고, 공을 가졌어도 그곳에 머물지 않으며 자신의 현명함을 드러내려고 하지 않는다.

_《도덕경》 77장

 폭염과 열대야가 거짓말처럼 사라지자 조석으로 찬바람이 돈다. 찬 기운 속에서 가을을 실감한다. 낮엔 쪽빛 파란 하늘이 빛나고, 밤엔 풀숲에서 풀벌레 소리가 드높다. 달은 공중에 높이 뜨고 밤은 길어진다. 밤새 귀뚜라미처럼 섬돌 밑에서 울 수는 없으니 서가에 꽂아둔 책을 꺼내 와 늦게까지 읽다가 잠이 든다.

 어둑한 저녁에 불도 켜지 않은 채 주방에 혼자 앉아 왕유의 〈산중〉이란 시를 읽었다. "형계 물 얕아 바닥 흰 돌 드러내고 / 날씨 차가워지면서 붉은 단풍잎도 듬성 / 산길에 비가 내리는 것도 아닌데 / 쪽빛 파란 하늘이 사람 옷을 적시네." 저녁 어스름에 가을 정취 물씬 나는 시에 열중하다가 창밖을 내다보니 안쪽을 빤히 들여다보는 너구리와 눈이 마주쳤다.

생애 전체를 독서인으로 살아왔다고 할 수는 없다. 책 읽는 걸 좋아하지만 밥을 구하기 위해 이런저런 일을 했다. 일하느라 책 읽는 시간을 낼 수 없는 게 아쉬웠다. 시골로 내려온 뒤 한갓진 덕분에 여러 책을 사들이고 꾸역꾸역 읽었다. 하루 세 끼 밥을 먹듯 책을 읽었다. 아무것도 읽지 않은 날엔 정신의 허기에 시달리며 허둥거렸다. 책 읽기는 한가로운 소일거리가 아니다. 책은 밥을 챙겨 먹듯이 맹렬한 기세로 읽는 게 마땅하다.

책을 두루 섭렵하며 읽는 와중에도 한 책을 여러 번에 걸쳐서 읽는다. 여러 책을 섭렵하는 게 옳은가, 혹은 한 권을 여러 번 읽으며 깊이 파는 게 옳은가? 어느 쪽의 독서 방법이 옳다고 말할 수는 없다. 책을 빨리 읽는 게 좋은가, 혹은 천천히 곱씹으며 읽는 게 좋은가? 그것도 마찬가지다. 책마다 지식의 내용이나 밀도가 다르다. 그에 따라 읽는 방법도 달라지는 게 자연스럽다.

책 읽기는 단지 지식의 습득이 아니라 창조적 사유를 위해 뇌 근육을 단련하는 일이다. 책을 두루 많이 섭렵해서 지식의 전체상에 접근하고 이를 바탕으로 사유의 총량을 키우고 통섭에 이르러야 한다. 책 읽기의 능동성이 뇌 회로를 열고 사유의 복잡성을 견디는 힘을 키운다. 책 읽기가 피동을 벗어나 능동이 되어야 할 이유는 분명하다. 사유의 불꽃에 휩싸여 타오르기 위해서다. 궁극적으로는 그 열락을 사유의 향연으로 바꾸기 위해서다. 마침내 독서의 총량을 발판 삼아 지식생산자로 나서기 위해서다. 두루 섭렵하고 사유하는 자만이 책을 넘어 또 다른 사유의 지평 너머로 갈 수 있다.

나는 평생 읽고(독자), 만들고(편집자), 쓰는(저자) 사람으로 살아왔다. 세 가지 일을 다 좋아했다. 그 일들로 내 자존감은 높아졌다. 젊은 시절 문턱이 닳도록 도서관과 서점을 드나들었다. 도서관과 서점은 인생의 항해에서 등대와 같았다. 인생의 여로에서 지친 채 깃발이 찢겨 돌아올 때도 책에서 안식을 취할 수 있었다.

내가 젊었을 땐 분명 더 많은 사람들이 책 읽기를 즐거워했다. 서점은 지식의 최전선이고, 도서관은 창조와 소통의 현장이었다. 어느 도시 어느 동네나 서점들이 지금보다 더 많았는데, 그때가 지금보다 살기 좋았다고 생각한다. 다들 가난했지만 의롭게 살려는 이웃들이 많았다. 꽃들은 더 화사했고, 촛불은 더 아름답게 타올랐다. 그 많던 서점들이 사라져가는 건 슬픈 일이다. 그건 미래가 더 어둡고 궁핍해질 거라는 나쁜 예감에 빠지게 한다.

왜 그토록 책에 간절했을까? 책에 진리가 있다고 믿었던 것은 아니다. 존재 내에 깃든 허기 때문이었을 거다. 그 허기는 궁극의 가난이다. 《도덕경》에서 도는 위대하지만 스스로 위대하다고 말하지 않는다. 노자는 말한다. "큰 도는 스스로 위대하다고 생각하지 않음으로써 끝내 그 위대함을 이룰 수 있다."(《도덕경》 34장) 이 구절은 "(도는) 공을 가졌어도 그곳에 머물지 않으며 자신의 현명함을 드러내려고 하지 않는다 功成而不處, 其不欲見賢"라는 구절과 대응한다. 노자의 도는 거창하지 않다. 오히려 평범하고 소박하다. 노자의 도가 소박해 보이는 것은 애써 그 위대함과 현명함을 드러내려고 하지 않는 탓일지도 모른다.

노자는 말한다. "하늘의 도는 활을 당기는 것과 같다天之道, 其猶張弓與." 활이 과녁을 꿰뚫으려면 높낮이를 잘 맞춰야 한다. 활대가 높으면 낮추고, 낮으면 들어 올려야 한다. 하늘의 도는 남는 것을 덜어서 모자라는 것에 보태지만, 사람의 도는 반대로 행한다. 부족한 것에서 덜어내어 넘치는 것에 더하는 것은 도가 잘못 실행되는 예다. 남아도는 것에서 덜어내어 부족한 것을 채워야 한다. 그게 자연의 이치요, 하늘의 도를 바르게 실행하는 일이다.

3장

큰 그릇은

늦게 만들어진다

빛나되
번쩍이지 마라

광이불요 光而不耀

그 다스림이 어수룩하면 백성은 순박해진다. 그 다스림이 구석구석 살피고 간섭하면 백성은 원망을 품고 떠난다. 화란 복이 기대어 있는 바고, 복이란 화가 엎드려 있는 바다. 누가 그 끝을 알겠는가? 그 정도가 없음을. 바른 것이 뒤집혀 도리어 기이한 것이 되고, 좋은 것이 뒤집혀 도리어 괴이한 것이 되었으니, 사람들이 미혹된 그날들이 참으로 오래되었다. 이로써 성인은 반듯하지만 쪼개지 않고, 날카롭지만 상처를 내지 않으며, 올곧지만 함부로 하지 않고, 밝게 비추되 번쩍거리지 않는다.

_《도덕경》 58장

늦가을 시 음송회에 초대받아 오대산 월정사를 다녀왔다. 오대산은 추색의 끝물로 장관을 이루었다. 시리도록 푸른 하늘은 장엄했는데, 그 풍경이 잔상으로 남아 집에 돌아와서도 쉬이 지워지지 않았다. 만산홍엽으로 뒤덮인 오대산과 이마저 푸르게 물들일 기세인 하늘의 푸름에 반해 넋을 잃은 채 그 순간을 만끽했다. 해 질 무렵 하늘이 밝은 황혼으로 뒤덮이더니 이윽고 어둠이 내렸다. 삐쭉삐쭉 솟은 산봉우리들 위로 검은 비로드를 깔아놓은 밤하늘에는 보석을 쏟은 듯 영롱

한 별들이 반짝였다.

어렸을 때도 북두칠성은 여전히 북쪽 하늘에서 빛났다. 소름이 돋을 만큼 아름다운 밤하늘 아래에 서 있던 찰나, 나는 영혼이 정화된 느낌 속에서 단지 살아 있다는 것만으로도 황홀했다. 오, 이렇게 아름다운 하늘을 그토록 오래 잊고 살았다니!

약 45억 년 된 지구에서 겨우 80여 년 안팎을 살다가 사라지는 사람의 인생은 얼마나 짧은가! 우리는 마치 영원히 살 것인 양 착각하며 먹고사는 일에 파묻혀 산다. 나도 스물다섯 이후에는 그냥 유령처럼 사는 사람들 중 하나였다. 돌아보면 많은 것을 움켜쥐려는 욕망에 매여 삶의 아름다움은 놓치고 살았으니, 참으로 어리석었다. 저토록 신비한 푸른 심연을 머리 위에 얹고 있었는데, 그것조차 잊은 채 굶주린 저녁의 개처럼 허덕이며 사느라 바빴으니!

전직 보스턴 방송사 기자인 잭 보든은 하늘의 아름다움을 알리기 위해 '넓은 하늘을 위해 *For Spacious Skies*'라는 비영리 단체를 만든다. 어느 날 매사추세츠주의 잔디밭에서 낮잠을 자던 그는 깨어 하늘을 보았다. 땅에 등을 대고 누워 바라본 하늘이 시시각각으로 변화하며 만드는 장관에 압도당한 보든은 그날을 돌아보며 "나는 너무도 황당했다. 어떻게 그렇게 오랫동안 그것을 보지 못했을까?"라고 탄식한다. 하늘의 아름다움을 모른 채 살았던 마흔 아홉 해의 세월이 헛되다고 생각한 보든은 그때부터 주변에 하늘을 알리기로 마음먹는다. 그가 세운 단체는 하늘의 아름다움을 알리는 교육을 해왔는데, 이로 인해 지금까지 50만 개 이상의 교실에서 하늘에 대한 교과 과정을 열었다고 한다.

아시다시피 우주는 하늘, 땅, 사람으로 이루어졌다. 먼저 하늘이 생기고, 다음에 땅이 생겼다. 맨 끝에 사람이 나왔을 터다. 선사시대 이래 인류는 신들의 고향이자 매우 숭고한 형이상의 세계를 표상하는 하늘에 매혹당했고, 또 하늘을 우러르며 초자연적 존재를 느꼈다. 하늘은 시시각각으로 다른 색감을 보여주는데, 그것은 확산 일사광의 결과물이다. 맑게 갠 낮의 하늘은 푸른색이고, 일출과 일몰의 때는 밝은 주황색이며, 밤의 하늘은 검은색으로 변한다.

하늘은 달과 태양, 별들과 온갖 행성들이 일정한

궤도에 따라 움직이는 푸른 궁륭穹窿이다. 천문학에서 천구天球라고 부르는 궁륭은 달, 혜성, 중성자별, 적색왜성, 백색왜성, 은하, 거대한 블랙홀을 거느리고 있다. 동절기 밤하늘의 별들이 다른 어느 계절보다 더 반짝인다는 사실을 시골에 와서 살며 깨달았다.

19세기 영국 시인 존 키츠는 밤하늘을 "아치형 흑단 천장 / 사랑이 펼쳐진 차양"이라고 노래한다. 밤하늘에서 유난히 밝은 빛을 내는 오리온자리에 속한 리겔은 지구에서 900광년 떨어져 있으니, 그 별빛이 지구에 닿기까지 900년이 걸린다. 지금 바라보는 저 별은 중세 시대의 별이다. 저 별들 중 일부는 이미 블랙홀 속으로 사라져 없을 수도 있다. 열정을 잃은 비극과 열정을 품은 비극 사이에서 인생은 욕망에 휘둘리는 것이 아니라 악기로 날마다 아름다운 음악을 연주하는 일로 의미를 얻는다. 행복은 우리가 하늘을 바라보는 그 순간 찾아올지도 모른다.

노자는 말한다. "화란 복이 기대어 있는 바고, 복이란 화가 엎드려 있는 바다禍兮福之所倚, 福兮禍之所伏." 사람들은 살림이 넉넉하고, 세상에서 귀한 쓰임을 받고, 천수를 누릴 때 복을 타고났다고 말한다. 반대로 길을 잃어 헤매고, 살림이 피폐하고, 세상의 인정을 받지 못하고, 단명하는 것을 화라고 말한다.

바름과 기이함, 착함과 요사함도 그렇고 복과 재앙도 바짝 붙어 있다. 화가 뒤집혀 복으로 변하고, 복이 뒤집혀 화가 되는 경우는 드물지 않다. 부유함과 귀함을 받아 입을 것과 먹을 것이 좋아진다면 이는 복에 든 것이니, 늘 마음이 곧고 행동에 사악함이 없어야 한다. 그릇이 작은 자가 으스대며 거들먹거리면 마음에 사악함이 깃든다. 행동이 도와 이치에서 멀어지면 복은 반드시 재앙으로 변한다.

복은 재앙이 있는 곳에서 생기고, 화는 복이 있는 곳에서 생긴다는 걸 새기자. 노자는 말한다. "성인은 반듯하지만 쪼개지 않고, 날카롭지만 상처를 내지 않으며, 올곧지만 함부로 하지 않고, 밝게 비추되 번쩍거리지 않는다是以聖人方而不割, 廉而不劌, 直而不肆, 光而不燿." 이 구절에 나오는 방方, 염廉, 직直, 광光 따위의 글자들은 마음의 반듯함, 재물을 가벼이 여김, 행동의 올곧음, 신분과 의복의 화사함이라는 뜻을 품는다. 좋은 것도 지나치면 해를 끼치고 재앙을 불러오는 빌미가 된다.

어느 시대에나 작게 성공한 자들이 자만에 빠져 제 성취를 한껏 뽐내고 자랑하는 법이다. 말은 번드르르하고 으스댐은 유별나다. 살아오면서 그런 자들을 많이 보았다. 그들의 말과 행동은 그윽하게 밝지 않고 번쩍거려 눈에 거슬린다. 별들이 아름다운 것은 반짝이되 번쩍이지 않는 까닭이다. 노자는 말한다. "밝게 비추되 번쩍거리지 않는다." 그러니 몸과 마음을 돌아보고 늘 겸손해야 한다. 오로지 마음이 곧고 겸손에 처하며 흠이 없는 사람이 성인이다.

모든 있음의 뿌리는
없음이다

유생어무有生於無

되돌아가는 것이 도의 움직임이다. 약함은 도의 작용이다. 천하 만물은 있음에서 생겨나고, 있음은 없음이란 뿌리에서 나온다.

_《도덕경》 40장

　태양계는 약 46억 년 전, 성간에 존재하던 가스와 먼지의 거대한 성운에서 탄생한다. 마치 어둠이 빛을 토해내듯 태양계가 우주에 나타난 것이다. 애초에 지구는 캄캄한 우주에서 창백한 빛을 내며 떠 있는 점에 지나지 않는 행성이다. 지구를 담요처럼 감싸고 있던 어둠의 띠가 사라지고 태양 빛이 닿자 지구에서 낮과 밤의 분별이 가능해진다.

　지구를 덮은 최초의 밤은 암흑천지였을 테다. 그 깜깜함은 검은색의 원형이다. 아직 초기 인류가 나타나기 전이다. 따라서 그 밤을 보고 겪은 사람은 없다. 어둠의 심연이 이어지다가 새 날이 밝고, 종일 공중에 떠 있던 해가 기울자 다시 밤이 찾아온다.

    태양이 사라지면 지구는 어두워진다. 이것은 낮의 소멸에 따른 결과다. 이윽고 오는 밤은 낮의 미망인이다. 어둠이 내리면 야행성 동물들이 움직인다. 부엉이나 박쥐, 고양이나 여우원숭이 같은 야행성 동물에게 밤은 활동의 자유를 베푼다. 호랑이나 표범 같은 고양잇과 동물도 주로 밤에 사냥한다. 식물들은 밤에는 광합성 작용을 멈추는 탓에 성장은 완만한 곡선을 그린다. 어둠에 묻힌 하늘에 무수한 별들이 쏟아져 나와 향연을 벌인다.

    별들의 향연 속에서 인간이 얼마나 작은 존재인지를 느낀다. 우리를 압도하는 것은 짐작조차 할 수 없는 우주의 광대한 규모다. 천체는 어떤가? 은하보다 더 밝게 빛나는 퀘이사, 원자 한 숟갈의 무게가 수억 톤에 달하는 중성자별, 초신성 폭발 후 남은 중성자별이 회전하며 전파를 주기적으로 방출하는 펄서, 충돌하는 은하, 별들의 흐름을 삼키는 거대한 블랙홀, 어마어마한

수의 적색거성! 이 공간에서 지구는 바늘 끝보다 작은 빛으로 반짝일 뿐이다.

이 별들과 천체들은 지구에서 멀리 떨어져 있어 빛의 속도로 가더라도 그곳에 이르려면 수천 년에서 수억 년, 혹은 그 이상의 시간이 걸릴 테다. 우리가 닿을 때쯤 그곳은 완전히 새로운 상태로 변해 있을지도 모른다. "밤하늘의 별들은 우리를 압도하는 동시에 자극한다. 그들은 운명이자 신이다. 그들은 우리의 인생에 전혀 개의치 않지만, 그럼에도 불구하고 지금 우리의 모든 것을 만들어냈다. 우리는 말 그대로 우주 먼지에 불과하다."[28] 우주 공간이 그냥 캄캄하기만 한 것은 아니다. 우주는 숱한 별들과 은하로 채워져 있고 별들과 별들 사이, 은하와 은하 사이에는 암흑물질이 존재한다.

우주 공간을 채운 것은 암흑물질과 암흑에너지다. 인류는 우주 먼지에 지나지 않는 존재로 암흑물질과 암흑에너지의 영향 아래에서 살아간다. 사람은 우주 먼지이지만 동시에 우주의 심연이다. 우주와 사람은 서로의 심연을 유심히 들여다본다. 우리가 별을 볼 때 별은 우리를 바라본다. 그렇게 우리 각자의 눈동자는 수억 개의 별들이 떠 있는 우주의 심연을 되비춘다.

노자는 말한다. "되돌아가는 것이 도의 움직임이다. 약함은 도의 작용이다反者道之動, 弱者道之用." 반反이란 되돌아감을 뜻한다. 한 극이 차면 다른 극으로 성질과 흐름이 전환한다. "천하 만물은 있음에서 생겨나고, 있음은 없음이란 뿌리에서 나온다天下萬物生於有, 有生於無." 이게 우주의 순환 원리이다. 반대로 돌아감은 도가 만드는 흐름이자 조화다.

흔들리는 것은 바람인가, 깃발인가? 일찍이 육조 혜능은 그것이 마음의 분별과 작용에 지나지 않는다고 말한다. 애초에 마음이 없다면 바람도 깃발도 없었을 테니까. 어쩌면 만물의 나타남은 마음의 투영에 지나지 않는 것이다. 만물은 의식과 마음이 작용과 반작용을 되풀이하는 가운데 상호작용으로 나타나고 사라질 뿐이다.

노자는 말한다. "도는 하나를 낳고, 하나는 둘을 생성하며, 둘은 셋을 만들고, 셋은 만물을 낳는다. 만물은 음을 지고 양을 품고, 요동치는 기로 조화를 이룬다萬物負陰而抱陽, 沖氣以爲和."(《도덕경》 42장) 도는 '하나-'를 낳는다. 이것은 도가 우주의 제일원리, 무엇으로 지음을 받지 않은 채 스스로 존재하는 근본이라는 뜻이다. 없음無은 태허의 존재 상태다. 여기에서 '둘二'이 나온다. 이것은 있음有이다. 이것에서 '셋三'이 나온다. 있음과 없음이 혼융해서 새로운 것이 산출됨을 뜻한다. 만물은 없음과 있음이 혼융에 머무는 가운데 이 바탕에서 도의 원리가 작동하는 것이다.

자연의 리듬은 달의 차고 기욺, 파도의 오고 감, 식물의 생장하고 시듦, 계절의 순환, 만물이 나고 죽음 따위를 다 포함한다. 인간이 겪는 흥망성쇠도 마찬가지다. 이 모든 것은 무엇을 말하는가? "만물이 함께 일어나니, 나는 만물의 돌아감을 본다萬物竝作, 吾以觀復."(《도덕경》 16장) 그다음은? "큰 것은 나아가고, 나아가면 멀어지고, 멀어지면 되돌아온다."(《도덕경》 25장) 온 것은 돌아가고, 간 것은 돌아온다. 우주 만물은 그러한 가운데 조화와 균형을 이룬 채 순환한다. 오는 것은 있음을 이루고, 가는 것은 없음을 향한다. 이 둘은 항상 상호 조응하는 상태이다. 도는 만물을 낳고 기른다. 있음과 없음을 하나로 거머쥐고 움직이지만 그것을 애써 주재하지 않는다.

도는 생과 사, 유와 무에 개입하지 않고 스스로 그러함 속에 놓아둔다. 그런 까닭에 일체의 인위를 더하지 않고 그윽하게 깃들어 있으므로 드러나지 않는 덕이라고 한다.

큰 그릇은
늦게 만들어진다

대기만성大器晚成

높은 경지에 도달한 사람은 도를 들으면 그 가르침을 능히 잘 실행한다. 어중간한 사람은 도를 들으면 들은 듯 만 듯하다. 낮은 경지의 사람은 도를 들으면 크게 웃고 만다. 크게 웃지 않는 것은 도라고 하기에는 부족하다. 이런 격언이 있는 것은 이 때문이다. 밝은 길은 어두운 듯하고, 앞으로 나아가는 길은 뒤로 물러서는 듯하고, 평평한 길은 울퉁불퉁한 듯하고, 훌륭한 덕은 골짜기 같고, 흰 것은 때 묻은 듯하고, 건실한 덕은 부실한 듯하고, 건실한 덕은 게으른 듯하고, 정말 질박한 것은 더럽혀진 듯하다. 큰 네모는 모서리가 없는 것 같고, 큰 그릇은 늦게 만들어지는 듯하다. 소리가 크면 들리지 않고, 큰 형상은 형체가 없는 듯하다. 도는 성대하지만 이름이 없고, 오직 도만이 잘 시작하고 잘 빚어진다.

_《도덕경》 41장

추석 즈음의 하늘은 옥색이고 금광호수의 물은 푸르게 일렁인다. 제법 굵은 알밤들이 듬성듬성 떨어져 푸서리 길에 뒹군다. 새벽 푸서리 길은 찬 이슬로 덮이지만 햇빛이 그냥 놔두지 않는다. 대춧빛으로 물드는 햇빛은 상품이다. 저 아래 논에서는 멸구와 이화명충을 물리치고 장마와 태풍을 견딘 벼들이 누렇게 익었다. 대추나무 가지마다 찢어질 듯 열매가 달려 익어가고, 달리아와 국화는 만개해서 흐드러졌다.

　들과 산에서 나는 물산들이 곳간에 그득히 쌓이고,

어버이 이녁과 그 핏줄들이 한자리에 모여 회포를 나누는 날이 추석이다. 추석은 농경사회가 빚은 맑고 아름다운 마음을 기리는 풍속이고, 넉넉한 마음으로 맞는 겨레의 명절이다.

고향을 등지고 타관으로 떠났던 사람들도 바리바리 선물들을 안고 귀향길에 오르는 날도, 안방 구들을 짊어진 채 시난고난하던 노인도 정결한 옷차림을 하고 척추를 곧추세우는 날도 추석이다. 아이나 어른 할 것 없이 기뻐하고, 감나무 가지에 올라 우는 까치나 마을 어귀에서 깡충거리는 강아지도 즐거운 날이다. 가난한 집 아이는 솔기가 터진 옷을 꿰매 입었어도 명절 맞은 기쁨으로 입이 귀에 걸리고, 늘 푸성귀 일색이던 밥상에 고기 탕국과 기름진 것, 평소 볼 수 없던 별미가 올라 모처럼 어른과 아이 모두 평등하게 입과 혀가 즐겁다. 식구 중 한 명은 과식으로 탈이 나서 배앓이하고 화장실을 밤새 드나드는 날도 추석이다.

곡식과 열매 맺은 걸 모두 수확하고, 가을걷이로 수확한 첫물들을 조상에게 바치는 차례상에 진설한다. 추석엔 한 해 농사를 풍성하게 해준 데 따른 예를 드리는 것이다. 추석은 죽은 조상들만이 아니라 산 자들을 위한 날이기도 하다. 선일과 앉은일, 마른일과 진일이 끝없이 이어지는 농사일이 얼마나 고단했던가. 힘깨나 쓴다는 농사꾼도 쉼 없는 농사일에 허리가 휘었다. 그 고단함에 위로와 보상이 따르지 않는다면 사는 건 그저 팍팍하기만 할 테다. 그러니 산과 들에서 수확한 산물을 굽고 찌고 지져 친지들과 나눠 먹으며 농업 노동의 수고와 고단함을 보상한다. 추석은 노동의 수고에 대한 자기 위로와 한 해를 보살펴주신 조상들의 은덕을 기리는 곡진함을 품은 날이 아닐 수 없다.

요즘엔 영양실조로 죽는 사람을 보기 힘들다. 대신 과식과 탐식으로 생긴 탈로 속병이 깊어져 죽는다. 추석은 여전히 민족의 최대 명절이다. 올 추석에도 인구 3,000만 명이 제 조상에게 차례를 지내고 가족과 친지들을 찾아 대이동에 나선다. 어버이들은 자식들이 탈 없이 사는 것만으로도 삶의 기쁨이자 큰 보람으로 삼는다. 그 뿌듯함으로 사는 일의 버거움은 덜어질 테다. 그러니 조상들은 슬프고 흐릿한 날들이 모두 한가위 같기를 빌었을 것이다. 식구가 한자리에 모인 한가위, 어버이는 늦은 밤까지 불이 꺼지지 않는 거실에서 자식들이 터뜨리는 웃음소리에 혼자 빙긋이 웃는다. 한가위 달은 높이 솟아 둥글고, 하늘엔 노숙하는 별들이 떠올라 제자리를 지킨다. 달 아래 마당에 서서 제 그림자를 밟고 서 있으면 풀벌레 소리는 아득하고 소슬하다.

뒷산 위로 떠오른 달은 어디 한군데 이지러진 데가 없이 크고 둥글다. 달항아리같이 맑고 고운 달을 향해 소원을 비는 사람도 있을 테다. 찬 달은 곧 이지러지고, 이지러진 달은 차오른다. 만물은 극에 달하면 형세가 반전한다. 그런 까닭에 해 뜨기 직전이 가장 어둡고, 봄 직전이 가장 추운 법이다. 크게 일어난 것은 작아지고, 꽉 찬 것은 이지러지고 속이 비워진다. 강한 것은 약해지고, 높은 것은 반드시 낮아지는 것도 같은 이치다. 노자는 말한다. "밝은 길은 어두운 듯하고, 앞으로 나아가는 길은 뒤로 물러서는 듯하다明道若昧, 進道若退." 이렇듯 도는 역설에서 위대함을 드러낸다.

큰 것은 늦고, 작은 것은 빠르다. 큰 그릇은 가장 늦게 만들어지고, 가장 좋은 일은 늦게 오는 법이다. 늦는다고 탓하거나 안절부절못하지 말라. 큰 그릇은 늦게 나오는 법이다. 어찌 만리장성이 하루아침에 이루어질 수 있으랴! "소리가 크면 들리지 않고, 큰 형상은 형체가 없는 듯하다大音希聲, 大象無形."

꽃나무를 기르는 자는 꽃나무에 정성을 쏟으며 꽃이 피기를 기다려야 한다. 대추나무 열매를 수확하려면 대추나무가 자랄 때까지 기다려야 한다. 자연의 이치를 거슬러 꽃을 볼 수 없고 열매를 기대할 수도 없다. 그러니 보람과 열매를 빨리 쥐려는 조급함을 누를 줄 알아야 한다. 큰 꿈을 꾸는 사람은 그 꿈을 위해 남들보다 더 많이 기다려야 한다는 걸 깨달아야 한다. 때가 이르지 않았는데 큰 그릇이 되기를 바란다면 반드시 낭패를 당한다.

하늘의 그물은 넓고 성글어도
놓치는 게 없다

천망회회 소이부실 天網恢恢 疏而不失

위험에 뛰어드는 것에 용감하면 죽고, 위험에 뛰어들지 않는 것에 용감하면 산다. 이 둘 중 어느 쪽은 이롭고 다른 쪽은 해롭다. 하늘의 의도를 누가 알겠는가? 이 때문에 성인은 용감하게 뛰어드는 것을 어려워한다. 하늘의 도는 다투지 않고도 잘 이기고, 말하지 않으면서도 응대를 하고, 부르지 않아도 스스로 오게 하고, 느긋하면서도 잘 이룬다. 하늘의 그물은 넓고 성글어도 놓치는 게 없다.

_《도덕경》 73장

사람은 발로 땅을 딛고, 머리에는 하늘을 이고 산다. 땅은 초목들, 열매 맺는 것들, 생명을 얻어 움직이는 뭇짐승들을 두루 품는다. 하늘은 푸른 심연을 품고 태양과 달의 운행을 주재한다. 이 하늘과 땅이 계절과 날씨를 빚어낸다. 사람은 이 사이에서 삶의 좌표를 찾으며 산다. 하늘과 땅이 만드는 제약 때문에 사람은 자기가 살고 싶은 대로 살 수 없다. 우리의 의지와 소망은 이 제약들 속에서 타협하며 살아간다.

영화 〈버킷 리스트〉를 통해 '버킷 리스트'란 단어가

회자되었다. 주인공 카터 체임버스는 갑작스러운 병으로 입원한 어느 날, 대학 시절에 한 철학 교수가 죽기 전에 꼭 하고 싶은 일들을 적어보라고 했던 것을 떠올린다. 그는 46년의 세월이 지나 자동차 정비사로 살다가 제 버킷 리스트가 잃어버린 행복에의 꿈이라는 걸 깨닫는다. 반면 같은 병실을 쓰는 에드워드 콜은 오직 돈을 벌고 사업체를 늘리는 것이 인생의 목표인 사람이다. 전혀 다른 꿈을 가졌지만 두 사람은 차츰 친해지면서 자기가 누구인지를 알기 위해 삶을 정리할 필요가 있다는 데 동의한다. 둘은 병실에서 벗어나 넓은 세상으로 뛰쳐나간다. 세렝게티 초원에서 지프를 타고, 피라미드 앞에 앉아 있는다. 그들은 여정을 통해 인생의 진정한 가치가 무엇인지를 깨닫는 것이 무엇보다 소중함을 발견한다. 무굴 제국의 황제 샤자한이 아내를 위해 세운 타지마할에서 제가 겪은 사랑을 되돌아보며 대화를 나눈 두 사람은 내면에 비쳐 드는 한 줄기 빛을 느낀다. 그 빛은 버킷 리스트가 품은 뜻의 은유일 테다.

인생에는 두 가지 길이 있다. 내가 걸어온 길과 내가 가지 않은 길이 그것이다. 내가 선택하고 걸어온 길은 지금의 현실과 운명을 이루고, 내가 가지 않은 길은 이루지 못한 꿈과 동경으로 남는다.

현실에서 꿈은 불가피하게 차선이 될 수밖에 없다. 현실은 절박성으로 우리를 짓누른다. 꿈은 현실에서 살아남은 뒤에나 생각할 문제다. 따라서 버킷 리스트는 비현실적이기 십상이다. 버킷 리스트가 차선으로 밀리는 이유는 단순하다. 버킷 리스트는 생존에 직결되지 않기 때문이다.

버킷 리스트란 생존에 급급해 뒷전으로 밀어놓은 일들, 꿈과 동경의 목록이다. 그것은 아직 이루지 못했기에 순수하고, 실행에 실패했기 때문에 슬픈 빛을 띤다. 버킷 리스트는 없어도 그만인, 먹고사는 일과 무관한 생의 잉여일지도 모른다. 밤낮 가리지 않고 달려온 삶의 팍팍함 속에서 그것은 마음 깊은 곳에서 반짝이는 꿈의 조각일 것이다.

당신의 버킷 리스트를 적어보라! 그것은 현실에서 유예했던 꿈이 무엇인지를 알아보는 시작점이다. 어쩌면 버킷 리스트가 우리를 행복으로 이끄는 마법을 부릴지도 모른다. 우리 모두의 가슴에는 이루고 싶은 꿈들이 있다. 버킷 리스트는 의무로서 할 일이 아닌 이루고 싶은 간절한 꿈을 찾는 데 도움이 된다.

버킷 리스트는 우리가 어떤 사람인지를 드러낸다. 인생의 반고비를 넘은 사람이라면 버킷 리스트를 100가지쯤은 적을 수 있을 테다. 외국어 공부하기, 운동하기, 좋은 인맥 만들기, 내 집 마련하기, 여행 떠나기, 결혼하기, 체중 줄이기, 조간신문 읽기, 해마다 책을 100권 이상 읽기……. 버킷 리스트는 한 바구니에 담긴 채 부화하지 않은 알이다. 내 버킷 리스트에는 바흐 음악 전곡 듣기, 마라톤 완주하기, 피아노 연주하기, 태극권 수련하기, 템플스테이하기, 아미시 마을 방문하기, 공동체 마을에서 살아보기, 도서관에서 두어 달 동안 도스토옙스키 전집 완독하기, 대숲이 있는 집에서 살기, 뜰에 모란과 작약 심기, 연못을 파서 수련 키우기, 시냇물 소리의 아름다움에 등급 매기기, 새 키우기…… 등등이 있다. 이것을 하나씩 적어나갈 때 흰 눈밭에 발자국을 하나씩 찍는 느낌이었다.

목적함수는 무엇이 되고자 하거나 무엇을 하고자 하는 소망을 뜻한다. 버킷 리스트란 누군가의 목적함수다. 한국 경영학의 초석을 다진 윤석철 서울대 명예 교수는 목적함수를 이렇게 설명한다. "인간은 자기 삶의 질을 높이고, 더 나은 미래를 창조하려는 소망*wish*을 가진다. 이런 소망의 달성은 그에 필요한 수단 매체의 한계에 의해 제약*constrain*을 받는다. 수단 매체의 한계에 의해 인간의 소망은 그 달성 수준이 결정된다는 말이다. 이처럼 달성의 수준이 상수*constant*가 아니고, 변수*variable*가 되는 소망을 '목적함수'라고 부른다."[29] 우리 삶은 목적함수로서의 소망, 소망을 관철해내는 의지, 그리고 현실의 제약 조건과의 타협 속에서 빚어진다고 할 수 있다.

무엇을 하고자 하는 의지와 현실의 제약 사이에는 메꿀 수 없는 간격이 있다. 누구나 유한한 자원으로 자신의 삶을 꾸린다. 그런 까닭에 비용의 최소화라는 목적함수를 좇아야 한다. 자연 역시 목적함수로 만물을 순환시킨다. 자연에서의 목적함수란 무언가를 실현하는데 들어가는 비용의 최소화다. 이 비용에는 시간, 물자, 에너지 등이 포함되는데 이것은 모두 상징 재화들이다.

노자는 말한다. "위험에 뛰어드는 것에 용감하면 죽고, 위험에 뛰어들지 않는 것에 용감하면 산다勇於敢則殺, 勇於不敢則活." 자연의 섭리에 따르면 생명을 보전하는 데 이롭다. 즉 하늘의 도를 따르면 우리에게 두루 이롭다는 뜻이다. "하늘의 도는 다투지 않고도 잘 이긴다天之道, 不爭而善勝." 하늘의 도는 항상 다투지 말라고 하는데, 상선약수가 드러내는 지혜도 이것과 하나다. 물은 다투지 않음으로 도에 가깝다. 도에 순응하는 것은 비용을 절약한다. 효용성이 최고다. 하늘의 도가 비용의 최소화라는 목적함수로 움직이는 자연의 원칙인 까닭이다. 사람이 만든 넓고 성근 그물에는 빠져나가는 게 많다. 하지만 하늘의 그물은 넓고 성글어도 놓치는 게 없다. 그것이 자연의 도를 따르기 때문이다.

배움을 멈추면
근심이 없다

절학무우絶學無憂

배우기를 멈추면 근심이 없다. 높임말과 반말에는 얼마나 차이가 있는가? 아름다움과 추함에는 얼마나 차이가 있는가? 남들이 두려워하는 군주는 다른 사람들도 무서워한다. 허황되다. 그 다함이 없다. 다들 희희낙락하니 잔치를 벌인 듯하고, 봄 누대에 오른 듯이 즐거워한다. 나는 혼자 담담하니 아무것도 드러내지 않는다. 이는 젖먹이가 웃음소리를 내지 못하는 것과 같다. 나른하니 혼자 돌아갈 곳이 없는 듯하다. 다들 여유가 있는데 혼자 쫓기는 듯하다. 나는 바보의 마음을 가졌으니 어수룩하다. 다들 웃는데 나는 혼자 웃지 못한다. 답답함이 마치 바다 같고, 바람이 세차게 부는데 그치지 않는 듯하다. 뭇사람은 다 쓸모가 있는데, 나는 혼자 고집불통이니 하찮은 듯하다. 나 혼자 사람들과 다르니 낳고 기르는 어머니를 귀하게 여길 뿐이다.

_《도덕경》 20장

 겨울비가 내리면서 마른풀들이 속절없이 젖는다. 비를 좋아한다는 사람도 겨울비를 좋아하기는 쉽지 않다. 겨울비는 음울한 분위기를 몰아온다. 겨울비는 회의주의라는 울타리에 갇힌 사람들에겐 더 지독한 우울증을 불러올지도 모른다.

 사람 몸의 장기들, 즉 심장과 오장육부와 방광, 혈관과 뼛속은 물로 차 있다. 우리 몸은 70퍼센트가 물이라고 하니, 평균 몸무게 60킬로그램인 70억 명의 몸속 물을 모으면 큰 바다 하나가 생길 테다. 아마도 "인류는 사방에 흩어져 있는 바다"[30]라고 말한 소설가는 재치 있는 사람이었을 것이다.

 물-사람이 비를 만나는 것은 친족과의 만남이다. 굳이 비를 피하는 행동은 가족 간 재회를 거부하는 것이다. 겨울비가 오시는데, 딱히 할 일이 없다. 거실에서 하릴없이 겨울비 내리는 풍경을 바라보다가 일어선다.

 겨울비가 내리는데 혼자 점심을 먹으러 나가는 게 썩 내키지는 않지만 무언가 먹어야 한다는 것은 생명의 명령이다. 먹는 것이 자기부양의 숭고한 의무임을 부정할 수는 없다. 섭생이란 내 몸 밖의 것을 취하는 일이다. 큰 것은 작은 것을, 강한 것은 더 약한 것을 먹는다. 이렇듯 지구 생태계는 복잡한 먹이사슬로 얽혀 있다.

 퀭한 눈으로 그르렁거리는 고양이와 배고파 툴툴거리는 인류는 얼마나 다른가? 많은 이들이 자신과 고양이가 다르다고 할 테지만 나는 거기에 동의하지 않는다. 사람과 고양이 사이엔 종의 차이가 있지만 생명체라는 점에서 한 줄에 있다. 고양이는 주인을 큰 고양이쯤으로 여긴다고 한다. 동물은 한 면에서 완벽하고, 사람은 한 면에서 불완전하다. 물론 이것 역시 인간중심주의가 반영된 사고의 결과다. 사람이 슬픔을 느끼면 고양이도 슬픔을 느끼고, 사람이 꿈을 꾸면 고양이도 꿈을 꾼다. 자연 생태계에서 사람과 동물 사이의 우열은 없다고 해야 할 테다.

로마의 농경신 사투르누스가 다스리던 시대에 사람과 동물은 의사소통이 가능했다고 한다. 믿거나 말거나! 지금도 고양이와 사람은 감정적으로 교류하며 한집에서 동거한다. 고양이는 주인에게 몸을 비비며 친밀감을 과시하고 품에 안기며 기쁨과 호의를 드러낸다.

개는 햇볕 좋은 봄날의 오수를 즐기고, 코끼리는 목욕하고 명상과 사색에 빠져 미동도 하지 않는다. 이런 광경을 보고 놀랄 이유는 없다. 철학자 몽테뉴는 "내가 고양이를 데리고 놀 때, 사실은 고양이가 나를 데리고 노는 것이 아니라고 어떻게 장담할 수 있겠는가?"라고 묻는다. 고양이를 데리고 놀았다는 생각은 우리의 편견이다. 동물 처지에서는 제가 사람과 놀아준 거라고 생각할 테다. 동물은 우둔하지 않다.

새봄에 부화한 오리 새끼들은 작고 연약한 생명의 부류다. 야생 오리 새끼 중 일부는 까치나 독사의 먹잇감으로 생을 마친다. 물론 어미가 지키지만 잠시 방심하는 사이, 새끼들은 포식자에게 잡아먹힌다. 까치가 오리 새끼의 모가지를 물고 가는 것은 자연계 먹이사슬에 작동하는 비정한 섭리다. 까치는 오리 새끼를 뜯어 알에서 부화한 제 새끼의 입에 넣어준다.

까치를 무자비한 살육자라고 비난하고 오리 새끼를 연민하는 것은 금물이다. 까치가 오리 새끼를 사냥하는 것은 피부양 가족에 대한 의무일 뿐이다. 이것은 자연 생태계에서 일어나는 서바이벌 드라마다. 동물계 안에서 생명체들은 포식자와 피식자로 나뉘어 생동하는 세계를 이룬다. 어쩌면 인류는 이 동물계에서 내쳐진 아웃사이더일지도 모른다.

오리 새끼가 초록 줄무늬 독사와 마주치는 시련을 피할 수 없다. 자연에서 살아남음은 행운이자 기뻐할 만한 권력의 순간이다. 사람도 살아남기 위해 서바이벌 드라마를 써나간다. 살아 있다는 것은 좋은 일이다. 오늘 살아 있음의 기쁨을 만끽하고, 샤워하며 콧노래라도 부르라!

시인은 무에서 유를 창조한다. 창조한다는 것은 이

미 있는 것들 속에서 새로움의 실체와 징조를 찾아낸다는 뜻일 테다. 나는 방황과 암중모색의 시기인 청소년기에 시를 쓰게 되었다. 방학 때는 도서관에 처박혀 한국문학전집을 한 권씩 읽어 나갔고, 니체의 《차라투스트라는 이렇게 말했다》나 알베르 카뮈의 《이방인》을 뜻도 새기지 못한 채로 꾸역꾸역 읽었다. 나는 인식욕으로 불타올랐지만 세상은 내가 모르는 것들로 가득 차 있었다.

스무 살 무렵은 벽에 쿵 하고 부딪친 느낌에 갇힌 채 시 습작을 하고, 도서관에서 책을 읽었다. 내 힘으로는 통제할 수 없는 질풍노도의 시기였다. 국립도서관과 시립도서관 등지에 처박혀 있거나 종로에 있는 대형 서점들을 순례하며 서가에 기대어 신간을 읽곤 했다. 가스통 바슐라르와 니체의 책들, 김우창과 김현의 비평집들, 사르트르와 카뮈, 하이데거, 하버마스 등을 읽었는데, 그야말로 별천지 같았다.

청춘의 오만과 패기로 출판사를 창업하고 30대를 맞았다. 솔직히 고백하자면 이 시기엔 책을 읽을 시간이 충분하지 않았다. 겨우 읽은 것들은 미학과 철학 책들이었다. 기억에 남을 만한 책을 꼽자면 막스 피카르트의 《침묵의 세계》, 오경웅의 《선학의 황금시대》, 파블로 네루다의 시집 등이다. 40대로 접어들어 서울에서 시골로 거처를 옮겼다. 전원주택을 지으며 공간을 살림하는 곳과 서재로 분리했다. 서재는 침묵을 실행하는 청정도량이었다. 이 시기에 《도덕경》과 《장자》를 본격적으로 읽었다. 롤랑 바르트, 발터 벤야민, 수전 손택, 다치바나 다카시의 책에서 읽는 기쁨을 누렸다. 뇌과학 책들을 섭렵하고, 질 들뢰즈와 펠릭스 가타리의 《천 개의 고원》에 몰입했다.

50대에도 왕성한 독서가였다. 여전히 갈팡질팡하며 헤맸지만 내 안의 의지는 꿋꿋했다. 공자는 50을 지천명이라고 했지만 내 경우 하늘의 뜻을 헤아린다는 것은 어림 반 푼어치도 없는 일이었다. 아직 겸손을 모를 뿐만 아니라 완숙한 경험도 말할 처지가 아니었다. 나는 여전히 거대한 모름 속에 있었다. 신문에 칼럼을 기고하고, 방송 패널로 나가 책과 문학에 대해 얘기하고, 대학에서 강의를 했다. 인식의 한계를 깨고자 몸부림치며 《주역》, 《벽암록》, 《금강경》 같은 책들과 진화생물학, 양자역학, 우주과학 책들을 꾸역꾸역 읽었다.

사람은 만물과 그것에 작용하는 이치를 배우고 익히고 써야 사람으로 온전해질 수 있다. 배움의 근본은 무지를 깨는 데 있다. 배워서 알면 기쁘고, 알지 못함에 머물면 기쁘지 않다. "앎 가운데는 기억의 영역에 속하지 않는 앎, 즉 세상살이에 관한 앎이 있다. 공부는 삶의 활동이어야 하고, 삶에 이바지해야 하며, 삶은 충만해야 한다."[31] 진정한 배움은 삶과 실행으로 이어져야 한다. 배움의 목적이 우리 현존의 실감과 확장이어야 마땅하다.

배움이란 지식을 추구하는 행위지만 그것으로 충분하지는 않다. 전공 공부에 그친다면 편협함이라는 함정에 빠질 수도 있다. 배움을 심화시키는 것보다 앞서서 스스로 존재 전체를 열고 자연, 세상, 우주와 만나야 한다. 노자는 말한다. "배우기를 멈추면 근심이 없다." 배움을 끊으라니! 배움이 더 나은 사람이 되는 길이라고 믿는 사람에게는 천둥 같은 말일 테다.

나무 한 그루, 계곡을 흐르는 물, 하늘의 궤도를 도는 별, 저 혼자 산기슭에 피어나는 들꽃, 바닷가의 숱한 모래알에서조차 무언가를 배울 수 있다. 자연은 배움을 베푸는 교사다. 자연은 사유를 열어주고, 하늘과 별은 영감을 주며, 추상과 관념에서 직관과 창의성으로 이끌어준다. "자연은 만물을 새롭게 하고, 모든 균형 잡힌 정신에 생기를 불어넣고, 새로운 전망을 열어젖히고, 추상적인 사유로는 조금도 알 수 없는 조망을 제시한다."[32]

노자는 배움이 자유로운 활동이라는 점을 인식한 현자다. 아마도 배움의 최고 경지에 닿아 비로소 근심에서 자유롭게 되었을 테다. 배움을 그쳐라! 이는 작은 배움에 웅크린 속인들이 감히 넘볼 수 없는 경지다. 필요 이상의 배움을 구하는 욕심에서 벗어날 줄 알아야 지혜롭다. 배움의 옹색함에 갇힐수록 내면의 빈곤과 하찮음이 드러날 뿐이다. 노자는 배움(지식)보다 도(지혜)를 강조한다. 배움에 속박된 채 어리석음을 되풀이하는 자의 처지는 이와 같다. "다들 희희낙락하니 잔치를 벌인 듯하고, 봄 누대에 오른 듯이 즐거워한다衆人熙熙, 如亨太牢, 如春登臺." 다들 희희낙락하는데 저 혼자 웃지 못한다. 이 구절을 읽으며 크게 깨달은 바가 있다. 당시 내 처지가 고립 속에서 살길을 찾지 못하고 죽을 길 위를 헤매는 듯 답답했던 탓이었다. 노자는 말한다. "이는 젖먹이가 웃음소리를 내지 못하는 것과 같다_{如嬰兒之未孩}." 다들 웃는데 혼자 웃지 못하는 것은 제 안의 어리석음 때문이다. 나는 이 구절의 뜻을 새기며 불현듯 내가 바보였구나, 하고 깊은 탄식을 토해냈다.

생명의 유한성에 견줄 때 배움의 끝 간 데 없는 욕심은 근심의 원인이다. 절학_{絶學}은 우리를 곤혹에서 해방시킨다. 진정한 배움이란 배움의 흉내가 아니라 배우지 않음에 도달하는 것이다. 오늘날 널린 것은 반가통_{半可通} 지식이다. 얕고 어렴풋한 지식에 취한 헛똑똑이들은 어디에나 흔하다. 얕은 앎에 취한 사람은 그것이 더 큰 근심을 불러올 것을 알지 못한다.

절학은 욕심내지 않음을 욕심내고, 배우지 않음의 배움에 나서는 것이다. 이것이야말로 오묘한 배움이다. 배우지 않음이 곧 도의 실행이다. 제 안에 있는 배움의 흔적을 없앤 뒤에 남는 게 무위의 도다. 배움은 더하는 것이지만 도는 덜어내는 실행이다. 노자는 그것을 정확하게 짚으며 이렇게 말한다. "배운다는 것은 나날이 더

하는 것이고, 도를 닦는 것은 나날이 덜어내는 것이니, 덜어내고 또 덜어내어 무위에 이르고, 무위에 이르면 이루어지지 않는 것이 없다爲學日益, 爲道日損, 損之又損, 以至於無爲, 無爲而無不爲."(《도덕경》 48장)

배움의 본질이 지식을 더해 무지를 무찌르는 일이라면, 도는 하지 않음을 일삼으며 무위를 실행하는 일이다. 도는 덜어낼 뿐 무언가를 애써 더하려고 하지 않는다. 도는 무위에 처해 스스로 그러함에 머물 뿐 연연하지 않는다. 지식은 위계에서 가장 낮은 정보들을 취하고 만족하는 행위다. 정보는 점-지식이고, 배움은 선-지식이며, 도는 입체-지식이다. 도의 무위를 실행하는 자는 일체의 배움을 그쳐도 근심이 없다.

발꿈치를 들고
오래 서 있지 못한다

기자불립企者不立

발꿈치를 들고 서려는 이는 오래 서 있지 못하고, 발걸음을 크게 해서 내딛는 이는 오래 걸을 수 없다. 스스로 드러내려는 사람은 지혜롭지 못하고, 스스로 옳다고 여기는 자는 옳지 않으며, 스스로 자랑하는 자는 공이 없어지고, 스스로 뽐내는 자는 덕이 없다. 도의 처지에서 보자면 이런 일은 먹다 남은 음식이요, 아무짝에도 쓸모가 없다. 이는 모두가 싫어하는 것이다. 그러므로 도를 아는 자는 그렇게 하지 않는다.

_《도덕경》 24장

맹추위가 사자처럼 몰아치던 계절이 지나자 마음이 한결 누그러진다. 요 며칠은 한겨울 속의 봄 같은 날씨가 이어졌다. 하지만 겨울은 아직 엄연하다. 금광호수는 꽝꽝 얼어 있고, 그늘진 곳엔 잔설이 파랗게 빛난다. 영하로 떨어진 날의 햇볕은 짧은 낮 동안만 머물다 사라진다.

저녁 마당에서 모이를 쪼던 닭들은 어둠이 내리자마자 재빠르게 닭장 안으로 들어가 횃대로 올라간다. 해그늘이 내리고 어둠이 두 팔을 벌리고 찾아오면 난감해진다. 겨우내 심해어처럼 칩거하며 찻물이나 끓여 뜨거운 차를 몇 잔씩 마셨을 따름이다. 시골살이의 고적함에 머무르며 시 몇 편을 끼적였다. "석류는 네 근심을 삼켜 붉고 / 네 것도 내 것도 아닌 울음을 먹고 / 대추는 다닥다닥. // 내 발등 부기가 좀 가라앉았다고 / 가을 몇 개가 추락하고 / 겨울 저녁은 어둠 두 필을 안고 / 건너온다. // 다시 봄 뜰엔 모란 작약이 피고, / 가을 공중엔 매가 날겠지. // 이만하면 별 보람 없어도 / 살 만하지 아니한가? / 내년에도 / 살아봐야겠다."[33]

세상에는 태어나지 않은 아이들이 있고, 눈썰매장에서 환호하며 썰매를 타는 아이들도 있다. 겨울은 그 사이에 머문다. 하늘은 잿빛이고, 눈발 몇 점이 흩날리다 멈춘다. 나는 뼛속까지 파고드는 한기와 스산한 마음을 견디며 희미해진 행복의 기미들을 찾으려고 애쓴다. 벌거벗은 나무들 몸통 속엔 수많은 잎눈과 꽃눈이 숨어 있을 테다. 봄이 오면 그 잎눈들은 일제히 몸통 바깥으로 밀려 나와 초록 잎의 광도로 세상을 빛나게 한다. 겨울은 지루하다. 그러나 칼은 불의 단련으로 강해지고, 사람의 인격은 시련과 역경으로 야무지게 다듬어진다.

　나는 자식에게 아무 유산도 남기지 않을 테다. 그럴 만한 재산도 없다. 자식에게 물려줄 것은 소박함에 처할 줄 아는 고아함, 책을 좋아하고 음악을 사랑하는 취향, 우정을 금보다 더 귀히 여기는 인격의 꿋꿋함, 혹한이 몰아치는 계절의 역경을 견디는 지혜뿐이다.

　오늘 점심으로 된장찌개와 김치, 고등어 한 마리를 구워 공깃밥 한 그릇을 먹었다. 혼자 먹는 밥이니 이만하면 진수성찬이다. 오후엔 이불 홑청을 벗겨서 빨아 널었다. 빨래가 마르는 동안 베토벤의 〈에그몬트〉 서곡과 교향곡 5번을 듣는다. 귀가 호사를 누리고 나른한 행복이 잠시 머물다 간다.

　나는 앞으로 2만 번쯤은 더 겨울 저녁을 맞을 테다. 허공에 눈발이 날리고 물이 꽝꽝 얼어붙는 겨울 저녁에도 살아 있는 자들은 행복해질 권리가 있다. 이불 홑청은 쉬이 마르지 않는데, 나는 대문을 나서서 약수터까지 천천히 걸어서 올라갔다가 내려온다. 돌아와 보니, 이불 홑청이 빨랫줄에서 막대기같이 딱딱하게 얼어붙어 있다. 빨래가 언 것을 바라보니 아직은 겨울이 분명하다.

    노자는 말한다. "발꿈치를 들고 서려는 이는 오래 서 있지 못하고, 발걸음을 크게 해서 내딛는 이는 오래 걸을 수 없다企者不立, 跨者不行." 까치발로 오래 서 있을 수 없다. 그게 무위가 아닌 인위의 일인 까닭이다. 이 장에서 언급된 자견自見, 자시自是, 자벌自伐, 자긍自矜이라는 말들은 다 자신을 앞세운다. 이 말들에 겸손이나 무위가 깃들 여지가 없다. 지나친 자기애만 두드러질 뿐이다. 스스로 드러내려는 것에는 지혜가 없고, 스스로 옳다고 여기는 것에는 올바름이 없다. 스스로 뽐내는 것에는 덕이 없으니, 이 행위는 무위자연의 이치에서 벗어난다. 무위에 맞서는 이 세목들은 오만과 교만에서 나온다. 노자는 말한다. "그러므로 도를 아는 자는 그렇게 하지 않는다故有道者不處." 제 생각을 앞세우고, 제 말만 옳다고 우기는 자들에겐 무위가 없다. 그들의 어리석은 말은 쉰 밥 같고, 갈피를 잡을 수 없는 행위는 군더더기에 지나지 않는다. 오직 어리석은 자들은 그걸 깨닫지 못한 채 어리석음을 되풀이한다.

베옷을 걸치고
옥을 품어라

피갈회옥被褐懷玉

내 말은 쉽고 따라 행하기도 쉬운데 아는 자도 행하는 자도 없다. 말에는 근원이 있고 사물에는 중심이 있는데 사람들이 그것을 모르기 때문에 나를 알지 못한다. 나를 아는 자는 드물고 나를 따르려는 자도 귀하다. 그런 까닭에 성인은 남루한 베옷을 걸치고 그 안에 옥을 감춘다.

_《도덕경》 70장

새 대통령을 뽑는 날이라 옷을 갈아입고 나가서 투표하고 돌아왔다. 주권자의 투표로 선출된 대통령은 집권한 뒤로 국민에게서 위임받은 권력을 행사한다. 대통령이 갖게 될 권력은 국민의 삶을 감싼 테두리로써 개별자의 시시콜콜한 선택에 관여하고 영향을 미친다. 그 권력은 나라의 운명을 만드는 막대한 힘이다. 현실의 맥락 속에서 작동하는 권력은 우리에게 영향을 끼치게 될 것이다. 우리 삶은 이 정치 공학과 불가피하게 연접된다. 따라서 정치 공학의 중력에 영향을 받지 않는 일상이란 있을 수 없다. 누가 대통령이 되느냐에 따라서 저마다의 삶과 미래, 사회의 구조와 양태가 바뀐다는 뜻이다.

대통령을 하겠다고 나선 후보들은 유세 활동과 공약 발표, 공개 토론 등으로 새 정치에 대한 비전을 드러냈다. 날 선 공방이 벌어졌고, 상호 비난도 활개를 쳤고, 터무니없는 흑색선전도 난무했다. 이 진흙탕 싸움 같은 선거에 피로감을 느낀 사람도 없지 않았을 테다. 누군가는 정치 일반에 혐오감을 드러냈지만 본디 민주주의 선거에는 소란을 동반하는 법이니, 고요했다면 오히려 이상한 사태였을 것이다.

말의 수사학에 담긴 정치적 함의를 따지는 것은 흥미로운 일이다. 후보자들의 공약만이 아니라 그가 청렴하고 올곧은 삶을 살아왔는지도 따져봐야 한다. 공자는 《논어》에서 말한다. "모두가 미워하는 사람이라도 반드시 살펴야 하고, 모두가 좋아하는 사람이라도 반드시 살펴야 한다." 하물며 나라의 운명을 걸머지는 대통령을 뽑는 일이니, 더욱 꼼꼼하게 따지고 살펴봐야 마땅하다.

독립선언문을 기초하고 미국의 3대 대통령을 지낸 토머스 제퍼슨은 이 같은 질문을 던진다. "문명국가에서 국민이 정치에 무관심하면서도 자유롭기를 바라는가?" 정치 무관심에 빠져 선거에서 기권하는 행위는 권리이자 숭고한 의무를 방기하는 것이다. 이 무관심이 나쁜 정치를 불러오기 때문이다. 정치가 모두를 행복하게 해줄 거라는 기대는 가망 없는 희망이다. 더 확실한 것은 나쁜 정치는 반드시 우리를 불행하게 만든다는 사실이다.

나쁜 정치는 더 많은 법을 만들며, 자유와 권한을 줄이고 국민이 짊어질 책임과 의무는 늘린다. 이를 막는 유일한 합법적인 수단이 바로 투표다. 그러므로 투표는 내 운명을 스스로 결정한다는 것을 함의한다. 이것은 누구도 대리할 수 없는 신성한 참정권이다. 선거는 축제다! 투표함으로써 버려야 할 것과 지켜야 할 가치의 분별에 나서야 한다. 정치가 아무것도 바꾸지 못한다는 신념을 품은 정치 허무주의자도 투표에 반드시 나서야 할 분명한 이유가 여기에 있다.

선거 막바지 며칠은 나라 전체가 정치 열기로 숨이

막히는 듯했다. 그 과정은 다 끝났고, 남은 것은 선거를 축제로 승화시키는 일이다. 우리는 선거라는 자유 민주주의의 축제를 즐길 권리가 있다. 아무튼 이번 선거에서는 주권자들이 낯선 최선(모험)보다는 낯익은 차선(안정)을 선택한 것으로 보인다. 새 대통령이 국민을 포용하며 통합의 정치, 덕의 정치를 펼치기를 기원한다.

노자는 말한다. "내 말은 쉽고 따라 행하기도 쉬운데 아는 자도 행하는 자도 없다吾言甚易知, 甚易行, 天下莫能知, 莫能行." 노자는 시종 도와 덕에 초점을 맞춰 가르침을 베푼다. 하지만 그것을 아는 자도 행하는 자도 없다고 탄식한다. "그런 까닭에 성인은 남루한 베옷을 걸치고 그 안에 옥을 감춘다是以聖人被褐懷玉." 베옷이란 소박한 옷이다. 애써 겉치레하지 않음으로써 옷차림이 허드렛일하는데 방해가 되지 않는다. 베옷을 걸친 것은 밥벌이에 충실하고 살림의 소박함을 추구한다는 함의로 단단하다. 비록 베옷을 걸치지만 속내에는 옥을 품는다. 옥이란 변질되지 않는 보석이다. 따라서 옥은 생명의 정수이자 마음에 품은 뜻을 말하는 것이리라.

《도덕경》에 주석을 붙인 왕필은 이 구절을 이렇게

풀이한다. "갈포를 걸쳤다는 것은 그 속세와 함께한다는 뜻이고, 옥을 품고 있다는 것은 그 참됨을 보물처럼 간직하고 있다는 뜻이다."[34] 춘추전국시대에는 군주와 제후들이 제 욕심을 채우느라 백성에게서 재물을 취하는 폐단이 많았다. 통치자가 호의호식하면 백성은 가난에 빠진다. 백성이 굶주리면 나라에 도둑이 들끓어 세상이 어지러워진다. 백성이 잘살아야 천하가 평화로운 법이다. 통치자는 소박함을 실행하고 본을 보여야 한다. 소박한 옷을 입고 사치를 멀리 해야 백성이 따른다. 마치 갈옷을 입은 듯 소박함을 지켜야 흠이 없다. 소박함이란 인위로 다듬고 꾸미지 않음, 즉 자연에 가까운 상태를 말한다. 노자의 철학 체계에서 통나무란 항상 소박함의 근간을 드러내는 은유다. 꾸밈이 없는 것은 소박하고, 훌륭한 도는 이를 따르는 데서 비롯한다. 통치자는 물론이거니와 백성도 소박하게 입고 먹으며 처신해야 흠이 없다.

소박함으로
돌아가다

복귀어박復歸於樸

강함(수컷)을 알고 부드러움(암컷)을 지킬 수 있어야 천하의 골짜기가 된다. 천하의 골짜기가 되면 항상 덕이 떠나지 않음으로 다시 갓난아기로 돌아간다. 밝음을 알지만 어둠을 지킬 줄 알아야 천하의 본보기가 된다. 천하의 본보기가 되면 덕이 온전히 이루어지며, 무극으로 돌아간다. 영광을 알지만 치욕을 지킬 줄 알아야 천하의 골짜기가 된다. 천하의 골짜기가 되면 덕이 가득 차며, 다시 소박함으로 돌아간다. 통나무가 쪼개지면 그릇이 되고, 성인은 이러한 이치를 써서 다스리는 자가 된다. 그러므로 위대한 통치자는 분할하지 않는다.

_《도덕경》 28장

　동해 독도와 서해 격렬비열도에서 해가 불끈 솟는다. 한라에서 백두까지 남과 북을 아우르며 새 빛이 쏟아져 환하다. 청솔 아래 응달엔 잔설, 하늘 높은 데 수리 한 마리. 이마가 서늘한 아침이다. 새해 첫날의 아침이다! 음력 설날엔 고향에서 설빔 차림으로 조상에게 정초 차례를 지내고 덕담을 나누며 세찬歲饌을 받는다. 어른들은 세주歲酒를 마시고, 아이들은 약과를 먹고 수정과를 마신다.

　설은 원단元旦, 세수歲首, 연수年首라고 했다. 즉 한 해의 처음이라는 뜻이다. 설 전에 복조리 장사들의 복조리를 사라는 외침이 메아리쳤다. 그 많던 복조리 장사는 다 어디로 갔을까? 복조리를 벽에 걸어 복이 들어오기를 바란 선조들의 풍속을 누가 미신이라고 나무랄 수 있을까?

가난한 집 아이라도 설빔을 차려입고, 어른에게 세배하고 세뱃돈을 받는다. 사골 국물로 끓인 떡국과 생선의 포를 떠서 지져낸 전들, 잡채와 산적, 나물들로 차린 진수성찬을 받는다. 뿔뿔이 흩어져 사는 가족이 모처럼 한자리에 모여 왁자지껄 수다를 떨며 회포를 푸는 것도 흔한 광경이다. 만나서 반갑고 모여서 행복한 날이 설날이다.

오늘의 안녕과 즐거움은 지난날의 고난과 시련을 참고 이긴 데 따른 보상이다. 그래서 설날 아침 한자리에 무탈한 몸으로 무릎을 맞댄 형제들이 고맙고, 눈빛이 형형하고 허리가 꼿꼿한 부모님이 고향을 지키고 있어 든든하다.

의젓한 장남들아, 눈썹이 새까만 살가운 막내들아, 다들 고향에 와서 설날을 맞자. 앞 강물은 맑고 뒷산의 굽은 소나무는 여전히 푸르다. 설날 아침 한 상에 모여 뜨거운 김 모락모락 나는 떡국을 나눠 먹자. 아우야, 우리는 나이를 거저 먹은 게 아니다. 빗방울이 돌을 뚫고 작은 씨앗이 자라나 꽃을 피웠다면, 우리도 시난고난한 날들을 넘어서 기어코 한 살 한 살 나이를 먹는다. 지금 이 자리에 오기 위해 우리는 얼마나 많은 공허한 날을 견디고 살아왔는지! 세월은 덧없이 흘러 예비군 동원 훈련도 면제를 받는다. 그렇다고 한물간 사람 취급하는 건 자존심이 용납하지 않는다.

누이는 사는 게 곤곤해서 마음이 얼음 아래 물고기 같겠다. 누이야, 울지 마라. 목마르면 물 마시고 배고프면 밥 먹자. 우리 5남매는 어머니가 끓인 뭇국을 이마 맞대고 먹고 자라난 사이가 아니더냐. 우리는 이 세상이란 무대 위에서 조연이 아니다. 아무렴, 우리는 인생 극장의 주인공들이다. 우리는 자식들을 낳아 기르며 제 집 마련하느라 빌린 은행 융자도 꼬박꼬박 갚으며 살았다. 게으른 자들조차 365일 하루도 빼지 않고 열심히 숨을 쉬며 살아냈으니, 살아 있는 우리 모두의 하루하루는 꽃다발을 받아 마땅하다.

아우야, 너는 화덕에 불 피워라. 나는 놋그릇을 반짝반짝 닦으마. 제수씨는 명태전과 대구전을 부치고, 서해 연평도에서 올라온 조기를 굽고, 강원도 고성 바다에서 건져 올린 대왕문어를 삶아라. 상에는 청송 사과와 진영 단감을 올리고, 그 옆에는 나주 배를 놓고, 안성 추청미를 씻어 지은 고봉밥을 올리자. 그리고 기장 햇미역으로 끓인 미역국에 고봉밥을 먹자.

아랫목에는 섣달그믐에 태어난 갓난쟁이 조카가 여릿여릿 잠자고, 대청마루에서는 조카들의 웃음소리가 낭랑하다. 머리가 센 아버지가 마당에 멍석을 깔면 아우야, 너는 멍석 위에 윷놀이 판을 올리고 조카들아, 너희는 그 옆에서 응원을 해라.

쌀독이 비고 내와 강들은 얼어도 설날은 돌아온다. 동고동락하며 자란 다섯 남매가 서로의 얼굴을 마주 보며 쓸개 빠진 놈처럼 실실 웃은들 어떠랴! 벼락과 해일 같은 날들이라도 기어코 살아내야 할 날이라면 오라, 날들이여, 우리는 고난과 시름을 견디고 살아낼 테다. 삼재三災야, 물러서라! 야광귀들아, 사라져라!

설날은 걱정거리를 내려놓고 복스러운 웃음을 짓

고, 따뜻한 음식과 찬술을 나누는 기쁜 날이다. 사는 날들이 늘 설날과 같을 수 있다면! 저 어린 시절 우리 살림을 옥죄던 가난도 설날의 기쁨을 없앨 수는 없었다. 남루가 즐거울 리 있으랴만, 그렇다고 부끄러울 것도 욕된 것도 아니다. 다만 불편했을 뿐.

노자는 말한다. "강함(수컷)을 알고 부드러움(암컷)을 지킬 수 있어야 천하의 골짜기가 된다知其雄, 守其雌, 爲天下谿." 어느 한쪽만을 품어서는 안 되고, 음과 양을 두루 알고 취해야만 천하의 골짜기가 될 수 있다. 천하의 골짜기는 비움으로 채울 수 있음을 드러낸다. 천하의 골짜기에 채워 마땅한 것은 소박함이다. 그런 까닭에 소박함으로 돌아가라고 말한다. 복귀어박의 '박樸'은 다듬지 않은 원목 그대로를 뜻한다. 통나무는 자연 그대로 있으므로 도의 은유로 적당하다. 노자가 도를 갓난아이나 통나무에 견주는 것은 그것들이 늘 소박한 탓이다. 그 소박함은 세태에 물들지 않은 원초의 순수함 그 자체다. 갓난아이는 아직 분별이 없고 일체 꾸밈이 없음으로 그것은 한계와 경계를 모르는 무극이다. 다듬지 않아 거친 것은 두터운 덕을 품고 있기에 도에 가깝다.

"천하의 골짜기가 되면 덕이 가득 차며, 다시 소박함으로 돌아간다爲天下谷, 常德乃足, 復歸於樸." 노자는 도로 다스려지는 세상을 꿈꾼다. 그것은 꾸밈이 없는 사람들이 만드는 소박한 세상이며, 도와 덕으로 충만할 뿐이다. 천하의 골짜기로 작은 물줄기들이 모여든다. 천하의 골짜기는 이들을 두루 품음으로써 덕의 원리를 실행한다. 천하의 골짜기가 그러하듯 도는 모든 걸 포용한다. 도는 음과 양, 백과 흑, 영화로움과 욕됨 같은 상극을 분별하지 않고 품으며 완전함에 이른다. 아울러 위대한 통치자는 오직 도의 이치를 따름으로써 제 덕을 세상에 펼친다.

큰 덕은
텅 비어 있다

공덕지용 孔德之容

텅 빈 덕의 형상이란 오직 도를 따르는 것이다. 도가 물질화된다는 것을 생각해보면, 황홀하다. 그 안에 형상이 있으니, 황홀하고 황홀하구나! 그 안에 물질이 있으니, 고요하고 아득하다! 그 안에 뜻이 있으니, 참으로 미덥다. 예로부터 지금까지 그 이름이 사라지지 않으니, 이것으로 모든 것의 시작을 볼 수 있다. 내가 무엇으로써 모든 것이 시작되는 것임을 알았겠는가? 이것을 통해서이다.

_《도덕경》 21장

왜 우리는 불안할까? 우리 마음을 갉아먹는 이 불안의 정체는 무엇일까? 우리 사회의 화사한 외부 아래에는 많은, 해결하지 못한 갈등과 문제들이 소용돌이친다. 해마다 1만 명 이상의 사람들이 스스로 목숨을 끊는다. 이는 불안과 우울 탓이다. 불안에는 근거가 있는 합리적 불안과 아무 근거도 없는 병적 불안이 있다. 합리적 불안은 현실과 주체 의지의 차이에서 비롯한다. "현실이란 눈앞에 주어진 환경과 여건에서 오는 '제약 조건'의 세계이며, 소망은 주어진 현실 속에서 인간이 원하는 어떤 목적을 달성하려는 의지*will*의 세계이다."[35]

세계와 소망 사이의 불일치에서 오는 불안은 많은 이들이 흔하게 겪는 일이다. 사람은 위기와 불확실성 앞에서 불안을 느끼는데, 불안이 일상생활에 지장을 주는 정도라면 그것은 불안장애일 테다. 불안장애는 의사에게 도움을 받아 치료해야 할 질병이다.

불안은 걱정, 비관주의, 두려움을 낳는다. 기쁜 일에 감응하는 능력이 줄고 두려움에 반응하는 능력이 늘어날 때 불안에 사로잡힌다. 불안에 침식당한 사람은 극단적인 생각에 빠지기 쉽다. 불안은 삶에 활력을 만드는 긍정적인 에너지 대신 삶을 고갈시키는 나쁜 에너지를 준다.

데이비드 호킨스가 《의식 혁명》에서 측정한 불안의 에너지 수준은 100이다. 이 수치는 매우 낮은 것이다. 인류의 의식 레벨에서 평균 에너지인 200에 한참 못 미치는 수준이다. 무지몽매함의 단계에서 큰 비중을 차지하는 감정은 두려움이다. "두려움은 인간의 상상력만큼이나 무한히 증식한다. 사람이 일단 두려움에 초점을 맞추면, 끝없이 이어지는 걱정스러운 세상사들이 그것에 연료를 공급한다. 두려움은 강박적으로 되며 어떤 형태라도 취할 수 있는데, 예를 들어 어떤 인간관계를 상실하는 데 대한 두려움은 질투와 만성적으로 높은 스트레스 수준으로 인도한다. 두려운 생각은 점점 부풀어 올라 피해망상이 되거나 신경증적인 방어 구조를 발생시킬 수 있다. 그리고 그것은 전염성이 있기 때문에 사회적 경향이 된다."[36] 두려움에 빠지면 세상은 온통 위험으로 가득 찬 것으로 비친다. 강박증적 두려움은 자가증식해 옆 사람을 전염시킨다. 불안과 두려움이 사회적 경향으로 번지는 것은 드문 일이 아니다. 대중매체와 광고들은 스트레스와 피해망상을 낳는 사람들의 불안과 두려움을 마케팅 타깃으로 이용하고, 정치가들과 장사꾼들은 불안과 두려움을 자극하며 호객 행위를 한다. 이를테면 의약품 광고는 사람들이 가진 병의 두려움을 과장하고 자극하며 구매를 독려한다. 호킨스는 이 불안과 두려움이 "시장의 큰손 시세 조작자들의 장사 밑천"이라고 말한다.

크고 작은 불안을 안고 살아가는 건 인간의 숙명이다. 북한의 핵 위협이나 지구 종말을 앞당길지도 모를 기후변화, 실업과 파산의 위기가 불안을 낳는다. 불안은 실존의 상수일 뿐만 아니라 삶의 방식과 가치관에 영향을 미치는 중요한 심리 코드다. 이런 까닭에 불안을 사회구조 안에서 고착화된 정념이라고 할 수 있다.

"나는 불안하다, 고로 나는 존재한다"라는 명제는 설득력이 있다. 고착된 정념을 바꾸는 것은 매우 힘든 일이다. 내면에 고착화된 불안을 떨쳐내는 것은 불가능할지도 모른다. 불안은 마음이 짓는 그림자다. 이 그림자는 깊은 덕에는 깃들지 않는다. 그러니 그림자에 놀라 경기를 일으킬 일은 없다. 도를 품은 자에게는 불안이 깃들 여지가 없다. 불안은 삶을 위해 지불하는 불가피한 비용이다. 불안을 피하지 말고 실존의 일부로 받아들이며 당당하게 대면하자.

소유에서 존재로, 침울함에서 즐거움으로, 경직에서 부드러움으로 나아가자. 저울 한쪽에 불안이 있다면, 그 반대쪽에 웃음과 유머와 긍정주의를 올리자. 그렇게 심리의 균형을 유지하고 더 자주 웃자! 웃음이 강박적 불안의 무거움을 줄여주리라. 늘 웃는 사람은 행복한 사람이다. 우리는 행복해서 웃는 게 아니라 웃어서 행복해지는 것이다.

노자는 말한다. "텅 빈 덕의 형상이란 오직 도를 따르는 것이다." 공덕지용은 큰 덕이 이루는 형상을 가리키는 것이다. 큰 덕의 모양을 '유도시종惟道是從'이라 하는데, 이는 오직 도를 따르는 것을 뜻한다. 덕은 비어 있음으로 만물을 포용한다. 노자가 여러 번 말하듯 도는 비어 있음이고 무위의 작용이다.

도는 허虛와 무無에서 움직인다. 덕이라고 말하는 것은 도를 삶으로 전환해내는 일이다. 도는 없음의 바탕 위에 형상을 드러내는 일이다. 도는 만물을 낳고 기르지만 무위로써 그렇게 한다. 도는 만물을 낳지만 제 것으로 쥐지 않고, 기르지만 주재하지 않는다. 무위와 무명과 무욕은 한통속이다. 그것은 이름 없음이고 욕망하지 않음이며, 동시에 만물의 됨道之爲物이다. 하지 않음으로 함을 일삼고 비움으로 채우는 게 도의 일이다.

도와 덕은 마치 두 가닥으로 꼬인 새끼줄처럼 얽혀 있다. 《도덕경》 21장에서는 '홀혜황혜惚兮恍兮', '황혜홀혜恍兮惚兮'라고 황과 홀이 순서를 바꿔 두 번이나 언급한다. 홀황은 상相으로서의 도요, 황홀은 물物로서의 덕이다.

홀황과 황홀은 새끼줄 같은 형상으로 상호 교직으로 이루어진다. 도는 덕을 쫓고 덕은 도를 따른다. 이렇듯 도와 덕은 서로 꼬여 그윽하고 오묘해진다.

천지는
인자하지 않다

천지불인天地不仁

하늘과 땅은 인자하지 않으니, 만물을 추구芻狗처럼 대한다. 성인은 인자하지 않으니, 백성을 추구처럼 대한다. 하늘과 땅 사이는 마치 텅 비어 있는 피리나 풀무 같다. 비어 있지만 다함이 없고, 움직일수록 소리는 커진다. 말이 많아지면 자주 궁해지니, 빈속을 단단히 지킴만 못하다.

_**《도덕경》 5장**

집 근처 숲속을 거닐다가 혹한을 견딘 나무들의 잎눈과 꽃눈들이 제법 도톰해진 걸 보았다. 나무의 잎눈과 꽃눈을 가만히 쓰다듬으며 혼잣말로 봄도 멀지 않았구나, 한다. 먼 고장에 사는 누군가에게 잘 지냈느냐고 안부를 묻고 싶어지는 저녁이다. 봄풀이 돋아나면 당신을 만날 수 있겠다. 묵은 매화 가지에 흰 꽃이 피고, 눈에 파묻힌 복수초도 곧 꽃을 피울 테다.

이태 전 여름, 알고 지내던 이의 갑작스러운 죽음이 떠오른다. 번역가이자 신화연구가이고, 소설가로 널리 알려진 이가 심장마비로 사망했다는 뉴스를 접하고 깜짝 놀랐다. 나이 예순셋에 생을 마감한 것이다. 오랫동안 연락을 주고받은 바가 없어 그의 죽음이 느닷없고 놀라웠다. 어디 아팠었던가?

그를 만난 건 스물 무렵이니 오래전 일이다. 나보다 연상이었는데, 처음 만났을 때 문학 얘기를 나눈 기억이 난다. 어떤 이의 글을 두고는 의견이 엇갈렸다. 그는 당시 그리스 로마 신화에 빠져 있었는데, 두 해쯤 지나 한 일간지 신춘문예를 통해 소설로 등단한다. 그로부터 두 해 지나 나도 한 일간지 신춘문예에 시가 당선되어 문단에 들어선다.

그는 정규 교육 과정을 건너뛰고 영어와 일어를 독학해 번역을 생업으로 삼은 사람이다. 나중에 나라 안에서 손꼽을 만한 그리스 로마 신화연구가로 인정받는다. 니코스 카잔차키스의 《그리스인 조르바》와 움베르토 에코의 《장미의 이름》은 그의 번역으로 진가가 드러났다. 그의 혜안에 힘입어 나라에 새삼스레 그리스 로마 신화 붐이 일어났다. 그는 문학과 신화학, 역사와 자연과학 등에 걸쳐 해박한 지식을 두루 갖춘 사람이었지만 거드름을 피운 적이 없었다.

등단했을 즈음 어느 봄날이다. 시인과 방송작가 등 여럿이 어울려 우이동 골짜기로 소풍을 갔다. 우리는 봄날의 흥취에 젖어 막걸리를 마시고 저물도록 노래를 불렀다. 그날의 즐거웠던 기억을 오래도록 간직했다. 내가 출판사에서 기획을 맡게 되면서 당시 번역가로 활동하던 그와 만날 기회가 자연스레 많아졌다.

그의 발인이 있던 날 아침, 나는 죽음에 대한 생각으로 골똘했다. '메멘토 모리 Memento Mori'는 죽음을 기억하라는 라틴어다. 왜 죽음을 기억해야 할까? 죽을 존재임을 각성하는 것은 삶의 모든 순간을 더 절절하게 느끼도록 이끈다. 그리하여 칙칙한 날이라도 살아 있음은 찬란하게 빛날 수 있다.

삶이란 죽음에 자기를 내어주고 떠나는 과정이다. 삶이 쇠락하는 가운데 죽음은 삶을 자양분 삼아 제 몸피를 키운다. 사람은 살아 있는 동안 죽음을 겪을 수 없다. 죽음은 실재가 아니라 불안이나 공포라는 외피를 뒤집어쓰고 있는 추상일 뿐이다. "사는 것은 자신을 내놓고, 자신을 이어가는 일이다. 그리고 자신을 이어가고 자신을 내놓는 일은, 곧 죽는 일이다. 번식 행위가 엄청나게 즐거운 까닭은 어쩌면 죽음의 맛을 미리 느끼기 때문인지도 모른다. (중략) 성애의 즐거움, 곧 유전적 경련의 본질은 타인 속에서 자신이 부활하고 소생한다는 느낌에 있다. 우리는 오로지 타인 속에서 자신을 소생시키고 이어갈 수 있다."[37] 개체로서의 사람은 죽지만 종으로서의 사람은 타인 속에서 소생하며 생명을 이어간다.

자, 우리는 살아 있다. 아예 태어나지 말 것을, 태어났으니 얼른 죽을 것을! 이렇게 징징거리며 찬란한 인생을 흘려보내서는 안 된다. 죽음은 삶에 견주자면 훨씬 쉬운 일인지도 모른다. 정말 어려운 것은 애써서 꿋꿋하게 사는 일이다. 어떻게 해야 잘 살 수 있을까를 궁리하는 게 산 자의 의무다. 젊은 나이에 죽은 제임스 딘이란 영화배우는 말한다. "영원히 살 것처럼 꿈꾸라. 내일 죽을 것처럼 살라!"

인간은 청춘의 푸릇한 시기를 지나면 늙고 병들어 죽는다. 청춘의 때를 지나 노년기에 접어들면 우리는 생의 쇠락을 피할 수 없다. 젊음과 오만으로 한껏 기고 만장할 때 죽음을 떠올리기란 쉬운 일이 아니다. 죽음이란 삶의 실패가 아니라 삶의 자연스러운 일부다.

가족 부양을 위해 허리가 휠 만큼 열심히 일하다가 어느덧 노년을 맞는다. 노년기는 삶의 기쁨과 보람의 부피가 줄고 죽음의 문턱에서 무력감과 비참함과 우울함에 젖을 시기다. 노년은 자식들이 뿔뿔이 떠난 뒤라 어느 정도 고적하고 쓸쓸하겠지만 달리 보면 경험의 원숙함과 지혜로 가득 찬 고요와 숙고를 통해 더욱 풍성해지는 시기다. 스콧 니어링과 헬렌 니어링은 이렇게 조언한다. "적극성, 밝은 쪽으로 생각하기, 커피와 차를 포함해 술이나 마약을 멀리함, 간소한 식사, 채식주의, 설탕과 소금을 멀리함, 저칼로리와 저지방, 되도록 가공하지 않은 음식물. 이것들은 삶에 활력을 주고 수명을 연장시킬 것입니다. 약, 의사, 병원을 멀리하십시오."[38]

사람은 몸으로 태어나서 살다가 몸으로 죽는다. 그러니 살아 있는 동안 몸을 잘 건사해야 삶도 가능하다. 술과 흡연으로 건강을 망치고, 설탕과 소금을 지나치게 좋아하는 것은 올바른 섭생에서 벗어나는 일이다. 섭생에 도움이 되는 것은 저칼로리와 저지방, 가공하지 않은 음식물들이다. 자연에 가까운 것들을 취하라. 몸의 리듬에 충실한 삶을 꾸리고, 약과 의사, 병원에 지나치게 의존하지 말라.

천지자연은 어질지 않다. "하늘과 땅은 인자하지 않으니, 만물을 추구처럼 대한다天地不仁, 以萬物爲芻狗." 인仁은 어짊이며 이것은 사람과 사람 사이, 부모와 자식 관계에 작용하는 자애로움이다. 하늘과 땅은 낳고 기른 부모가 아니다. 자연은 사람을 대할 때 어질지 않다. 자연이 일으키는 태풍이나 해일, 천둥과 벼락, 지진 같은 재해를 떠올려보라. 자연은 함부로 연민을 베풀지 않고 다만 무심하고 무자비할 뿐이다. 자연은 자주 재해를 만들고 가혹한 시련을 안긴다.

'추구'는 풀로 엮어 만든 강아지다. 제사 지낼 때 의례용으로 만든 물건이라 쓰고 나면 버려진다. 자연은 어질지 않아서 만물을 풀로 엮어 만든 강아지 대하듯 한다. 어짊이란 그 본질에서 인위다. 노자는 자연이 인간중심주의로 돌아가지 않음을 일찍이 깨달았다. 자연에는 그것을 운행하는 원리와 이치가 따로 있다. 그래서 자연을 스스로 그러함이라고 말하는 것이다. 자연은 사람의 인습이나 관행을 따르지 않고 무위에 따라 움직인다.

하늘과 땅은 인위로 운행되지 않는다. 하늘과 땅의 운행은 스스로 그러함 속에서 이루어진다. 오직 무위자연에 처할 따름이다. 사람은 무위자연의 흐름 속에서 나타나 풀로 엮어 만든 개처럼 쓰이다가 사라진다. 만물은 상도常道, 즉 항상 그러한 도가 아니다. 노자는 말한다. "성인은 인자하지 않으니, 백성을 추구처럼 대한다 聖人不仁, 以百姓爲芻狗." 앞선 구절과 같은 맥락이다. 성인은 도에 속하니, 인위에 처하지 않는다. 하늘과 땅의 거칢은 이것이 무위에 속한 탓이다. 성인이 함부로 인자하지 않음은 성인도 무위자연에 속한 까닭이다.

사람은 태어나서
살다가 죽는다

출생입사出生入死

사람은 태어나서 살다가 죽는다. 제 수명을 다 지켜 사는 이들이 삼분의 일이고, 일찍 죽는 이들이 삼분의 일이다. 사는 일에만 더 열중하지만 하는 일마다 모두 죽는 길로 가는 이들이 삼분의 일이다. 왜 그런가? 잘 살려고 발버둥을 치는 까닭에 그렇게 되는 것이다. 듣자 하니 삶을 잘 보살피는 사람은 땅을 돌아다녀도 코뿔소나 호랑이를 만나지 않고, 군대에 들어가도 갑옷이나 병장기를 들지 않는다. 그러니 코뿔소는 그 뿔을 들이받을 곳이 없고, 호랑이가 할퀴어 상하게 할 곳이 없으며, 적군은 칼을 겨눌 곳이 없다. 어찌 그럴 수가 있는가? 죽음에 이르는 여지를 없애 버렸기 때문이다.

_《도덕경》 50장

모란과 작약꽃이 지니, 기다렸다는 듯 장미꽃이 보기 좋게 흐드러져 이웃집 담벼락에 걸렸다. 붉은 장미꽃이 시리도록 아름다운데, 이 계절에도 누군가는 태어나고 누군가는 죽는다. 죽고 사는 일은 사람으로 태어난 자가 불가피하게 겪는 숙명이니, 이걸로 누군가와 드잡이할 생각은 추호도 없다.

　손아래 누이가 세상을 떴다. 한 배에서 앞서거니 뒤서거니 태어난 다섯 남매 중 손아래 누이가 가장 먼저 세상을 떠났다. 조카의 연락을 받고 요양병원에 있던 누이와 마지막 인사를 나누었다. 누이는 편안해 보였는데, 외할머니와 판박이처럼 닮아서 놀랐다. 병상에 누운 외할머니가 일어나서 잘 왔다고 내 등이라도 두드릴 것만 같았다.

누이는 이태 전 암 선고를 받고 투병하다가 내게 유서라고 할 만한 쪽지를 남기고 떠났다. 오빠, 나 먼저 가. 오빠는 천천히 있다가 와. 누이는 그렇게 적었다. 죽음을 앞두고 볼펜을 쥘 힘조차 없었을 텐데 온몸을 쥐어짜 몇 자를 적었을 테다. 그 쪽지를 조카에게 건네받아 읽을 때는 눈물을 꾹 참았는데, 장례식장에서 육개장 국물을 플라스틱 수저로 뜨다가 눈물 몇 방울이 후두두 벌건 국물로 떨어졌다. 나는 살아 있음으로 육개장 국물이 짠지 싱거운지도 모른 채 겨우 목구멍으로 넘겼다.

누이의 장례 뒤 새벽에 오줌을 누러 일어났다가 고요한 거실에 나와 앉아 있었다. 아내와 고양이 두 마리가 곤한 잠에 빠져 있는 시각이었으나 잠이 오지 않았다. 새벽이 오기 전 창밖은 어두컴컴했다. 누이의 부재를 실감하기에 더없이 좋은 시각이었다. 산 자는 어떻게든 살지만 죽은 자의 자취는 어디에도 없다. 누이의 장례식장에서 먹은 육개장 국물의 맛을 떠올리려 했으나 도무지 기억나지 않았다.

서럽고 애달프지 않은 죽음이 있을까마는 육친을 떠나보내는 것은 더 큰 상실감을 느끼게 한다. 부모님 중 아버지가 먼저 세상을 떠났다. 안성에 모신 어머니가 뒤를 이어 떠났다. 어머니 장례식장에서는 이상하게 눈물이 나지 않았다. 나는 메말라 슬픔 한 조각도 없었던가? 통곡하듯 울음을 토해낸 것은 장례가 끝나고 보름쯤 지났을 때다. 이승에서 맺은 인연이 다했구나, 하는 자각이 스친 찰나 내 안에서 걷잡을 수 없이 서러움이 북받쳐 올라왔다. 나는 한밤중 시골집 부엌에 혼자 앉아서 통곡을 쏟아냈다.

우리는 죽음을 직접 겪지는 않지만 그것을 어느 정도 안다고 생각한다. 죽음이란 생리적인 운동과 활동을 멈추고 무존재로 돌아가는 일이다. 살아서는 겪을 수 없는 일, 누구나 단 한 번만 겪을 수 있는 실존적 사건, 살아 있음에 반대되는 것, 그 확실성이 죽음이다. 삶은 몸을 갖고 온갖 슬픔과 근심을 끌어안고 느끼는 것이다. 배고프면 밥을 찾아 먹고, 슬프면 눈물을 흘리는 게 삶이다.

오후 산책을 마치고 덩굴장미가 송이송이 붉게 피어 있는 집을 지나쳐 돌아온다. 목덜미에 닿은 햇볕이 따갑다. 어머니를 여읜 슬픔에 잠겨 있던 롤랑 바르트는 나날의 소회를 일기에 적었다. 그 일기를 묶은 책이 《애도 일기》다. "이 순수한 슬픔, 외롭다거나 삶을 새로 꾸미겠다거나 하는 따위와는 아무 상관이 없는 슬픔. 사랑의 관계가 끊어져 벌어지고 파인 고랑."[39] 왔던 것은 가고 간 것은 돌아온다. 누이가 떠나고 내 안에 순수한 슬픔이 고인 고랑이 생겼다. 누이여, 그대 있는 곳에도 6월의 붉은 장미가 활짝 피고, 장미꽃 향기를 품은 바람도 부는가? 그대 돌아간 곳에서 모든 근심을 다 내려놓고 평안을 누리시게. 필경 나고 죽는 것은 하늘의 도를 따르는 것! 너무 슬퍼하지는 마시게.

노자는 말한다. "사람은 태어나서 살다가 죽는다." 이렇게 단순한 말로 삶이 죽음에 복속되어 있음을 꿰뚫는다. 태어나는 것도 죽는 것도 우리의 의지로 어찌할 수 없는 영역에 속한다. 사람들은 그걸 운명이라는 말로 뭉뚱그려 받아들인다. 살고 죽는 일은 우리의 선택이나 의지의 바깥에서 이루어진다. "제 수명을 다 지켜 사는 이들이 삼분의 일이고, 일찍 죽는 이들이 삼분의 일이다. 사는 일에만 더 열중하지만 하는 일마다 모두 죽는 길로 가는 이들이 삼분의 일이다生之徒十有三, 死之徒十有三, 人之生, 動之死地, 亦十有三." 태어나서 살다가 죽는 것은 모두가 다 같으나 죽음에 이르는 방식은 저마다 각각이다. 왜 사람마다 이런 다름이 빚어지는가? 그렇게 다른 삶이 만들어지는 까닭은 분명하다. "잘 살려고 발버둥을 치는 까닭에 그렇게 되는 것이다夫何故, 以其生生之厚." 살려고 걷는 길이 죽음이고, 죽으려고 걷는 길이 삶이다. 따라서 잘 살려고 발버둥을 치는 건 덧없이 죽음에 이르는 길이다.

잘 살려고 애쓰지 말라. 다 부질없다. 이것이 노자의 전언인가? 우리는 어떻게 살아야 할까? 노자가 《도덕경》에서 시종 말하는 것이 바로 도다. 도는 형상이 없으니, 그걸 이해하고 받아들이는 데 어려움이 있다. 더구나 도는 도라고 하면 더는 도가 아니고, 덕은 덕이라고 하면 더는 덕이 아니라고 하지 않는가? 도의 근본은 자연이다. 자연에 순응하고 따르는 게 도에 합당한 태도다. 《도덕경》 40장에서는 이렇게 말한다. "되돌아가는 것이 도의 움직임이다. 약함은 도의 작용이다." 도는 반복하고 순환한다. 왔던 것은 가고, 간 것은 돌아간다. 이것이 도의 순환이고 작용이다. 도는 만물을 유약함으로 대한다. 도는 윽박지르거나 힘으로 누르지 않는데, 마치 갓난아이가 그렇듯 천진무구하고 분별하지 않는다. 도는 오로지 만물을 품고 기를 뿐이다.

노자는 물을 편애한 사람이다. 《도덕경》에는 물에 감탄하고 물의 덕을 예찬하는 문장들이 넘친다. 물의 성질은 부드럽고 약할 뿐만 아니라 도무지 그 무엇과 맞서 싸우려고 들지 않는다. 물은 항상 물러서고, 낮은 곳에 처하며, 더러운 것들을 품는다. 물은 명리를 다투지 않고, 천시의 변화에 순응한다. 싸우려 들지 않으니 다툼이 없고, 다툼이 없으니 이기고 지는 일에서 자유롭다.

도는 억지로 뻗거나 나아가지 않으며, 도는 되돌아 흐르고, 만물에 부드럽게 작용한다. 도는 자연이 그러하듯 순리로 모든 것을 이룬다. 도와 물은 그 작용과 생리에서 쌍둥이처럼 닮았다. 물은 유연하고 약하지만 강함을 보여준다. 그래서 아무리 단단하고 굳세더라도 물을 이길 수 없다. 천하의 허물과 더러움을 다 받아들여 맑게 만드니 무엇으로 물을 대신할 수 있을까? 노자는 물의 유연함과 부드러운 움직임에서 도의 운행을 겹쳐 본다.

'정언약반正言若反'이란 바른말은 바르지 않은 말로 거꾸로 들린다는 뜻이다. 올바른 말은 그 반대로 들린다는 뜻이니, 이것은 공자의 정명正名을 뒤집는 표현이다. 노자의 정언약반에 따르면 큰 것은 작고, 작은 것은 크다. 약한 것은 강하고, 강한 것은 약하다. 아름다운 것은 아름답지 않다. 오직 아름답지 않은 것이야말로 아름답다. 옳은 말은 그르고, 그른 말은 옳다. 정의를 외치는 자에게 정의가 없고, 공익을 말하는 자에게 사욕이 숨어 있는 것과 같은 이치다.

주

1. 팀 잉골드 저, 김현우 역, 《조응》, 가망서사, 2024.
2. 사마천 저, 소준섭 역, 《사마천 사기 56》, 현대지성, 2016.
3. 한비자 저, 김원중 역, 《한비자》, 휴머니스트, 2016.
4. 파스칼 키냐르 저, 류재화 역, 《심연들》, 문학과지성사, 2010.
5. 알베르 카뮈 저, 김화영 역, 《결혼·여름》, 책세상, 2024.
6. 우석영 저, 《낱말의 우주》, 궁리, 2011.
7. 사마천 저, 김원중 역, 《사기열전 1》, 민음사, 2007.
8. 장-뤽 낭시 저, 김예령 역, 《코르푸스》, 문학과지성사, 2012.
9. 디디에 앙지외 저, 권정아·안석 역, 《피부자아》, 인간희극, 2013.
10. 장-뤽 낭시 저, 앞의 책.
11. 서유구 저, 안대회 역, 《산수간에 집을 짓고》, 돌베개, 2005.
12. 사라 알란 저, 오만종 역, 《공자와 노자, 그들은 물에서 무엇을 보았는가?》, 예문서원, 1999.
13. 강희안 저, 서윤희·이경록 역, 《양화소록》, 눌와, 2012.
14. 팀 잉골드 저, 앞의 책.
15. 헬레나 노르베리 호지 저, 김종철 역, 《오래된 미래》, 녹색평론사, 1996.
16. 우석영 저, 앞의 책.
17. 메리 올리버 저, 민승남 역, 〈가자미, 일곱〉, 《완벽한 날들》, 마음산책, 2013.
18. 장석주 저, 《붉디붉은 호랑이》, 애지, 2005.
19. 메리 올리버 저, 앞의 책.
20. 우석영 저, 앞의 책.

21. 다비드 르 브르통 저, 김화영 역, 《걷기 예찬》, 현대문학, 2002.
22. 최정례 저, 〈늙은 여자〉 부분.
23. 니코스 카잔자키스 저, 김문환 역, 《어두운 심연에서》, 현대사상사, 1975.
24. 에크하르트 톨레 저, 진우기 역, 《고요함의 지혜》, 김영사, 2004.
25. 에크하르트 톨레, 앞의 책.
26. 문광훈 저, 《숨은 조화》, 아트북스, 2006.
27. 우석영 저, 앞의 책.
28. 크리스토퍼 듀드니 저, 연진희·채세진 역, 《밤으로의 여행》, 예원미디어, 2008.
29. 윤석철 저, 《삶의 정도》, 위즈덤하우스, 2011.
30. 마르탱 파주 저, 이상해 역, 《비》, 열림원, 2007.
31. 앙토냉 질베르 세르티양주 저, 이재만 역, 《공부하는 삶》, 유유, 2013.
32. 앙토냉 질베르 세르티양주 저, 앞의 책.
33. 장석주 저, 〈늠름하게〉, 《오랫동안》, 문예중앙, 2012.
34. 최진석 저, 《노자의 목소리로 듣는 도덕경》, 소나무, 2001.
35. 윤석철 저, 앞의 책.
36. 데이비드 호킨스 저, 백영미 역, 《의식 혁명》, 판미동, 2011.
37. 미겔 데 우나무노 저, 장선영 역, 《생의 비극적 의미》, 누멘, 1981.
38. 헬렌 니어링·스콧 니어링 저, 류시화 역, 《조화로운 삶》, 보리, 2023.
39. 롤랑 바르트 저, 김진영 역, 《애도 일기》, 걷는나무, 2018.

노자의 마음 공부

초판 1쇄 발행 2025년 11월 17일
초판 2쇄 발행 2025년 12월 15일

지은이 | 장석주
펴낸이 | 박혜연

펴낸곳 | ㈜윌마 출판등록 | 2024년 7월 11일 제2024-000120호
ISBN | 979-11-994966-1-3 (03150)

— 책값은 뒤표지에 있습니다.
— 파본은 구입하신 서점에서 교환해드립니다.
— 이 책은 저작권법에 의하여 보호를 받는 저작물이므로 무단 전재와 복제를 금합니다.
— 본문에 포함된 인용문은 가능한 저작권과 출처 확인 과정을 거쳤습니다. 저작권자에게 미처 허락을 받지 못한 일부 인용문은 저작권자가 추후 확인되는 대로 게재 허락을 받고 적법한 절차를 진행하겠습니다.

㈜윌마는 독자 여러분의 책에 관한 아이디어와 원고 투고를 기다리고 있습니다. 책 출간을 원하시는 분은 이메일 master@wilma.kr로 간단한 개요와 취지, 연락처 등을 보내주세요.